Zeit zum Vorlesen, Zeit zum Kuscheln

Die schönsten Vorlesegeschichten zum Wohlfühlen

Zeit zum Vorlesen, Zeit zum Kuscheln

Die schönsten Vorlesegeschichten zum Wohlfühlen

Loewe

Vorwort

Vorlesezeit ist ein kostbarer Schatz: Unser Alltag wird immer hektischer, die Welt dreht sich immer schneller – umso wichtiger, sich auch mal ruhige Inseln zu schaffen, bewusst aufeinander einzugehen und miteinander zu sprechen. Und was eignet sich als Gesprächsanlass besser als eine wunderbare Geschichte, in die man gemeinsam versinkt und die einen alles um sich herum vergessen lässt?

Vorlesezeit ist Kuschelzeit! Zum Beispiel dann, wenn man …

- es sich gemeinsam mit einem Buch auf dem Sofa gemütlich macht.
- abends im Bett vor dem Schlafengehen den Tag mit einer Geschichte ausklingen lässt.
- sich zwischendurch ein paar Minuten ganz bewusst zum Vorlesen und Erzählen Zeit nimmt.

Vorlesen ist ein wahres Wundermittel! Es …

- unterstützt Kinder in ihrer Sprachentwicklung,
- erweitert den Wortschatz,
- stärkt die Ausdrucksfähigkeit,
- regt die Fantasie an,
- trainiert Konzentrationsvermögen und Gedächtnis.

Egal, wann und wie … Kinder lieben es, gemeinsam in spannende Geschichten und fantastische Welten einzutauchen und dabei Nähe und Geborgenheit zu spüren!

Denn dann merken sie: Jetzt sind Mama oder Papa gerade ganz bewusst nur für mich da. So wird die Bindung zwischen Eltern und Kindern beim regelmäßigen Vorlesen gefestigt.

Auch Dinge, die Kinder beschäftigen, können mithilfe von Geschichten thematisiert werden. Denn Vorlesen bietet Raum für alle Fragen und hilft Eltern bei den Antworten und Erklärungen. Passende Geschichten erleichtern den Umgang mit herausfordernden Situationen und Problemen, die sonst nur schwer anzusprechen sind. Und auch besonders schöne Erlebnisse werden beim Vorlesen einer entsprechenden Geschichte gleich doppelt schön, wenn man sich gemeinsam daran zurückerinnert.

Also: Buch geschnappt und ab aufs Sofa! Genießen Sie die Familienzeit und lassen Sie sich vom Zauber des Vorlesens berühren!

Wir wünschen Ihnen und Ihren Kindern eine wunderschöne gemeinsame Zeit und viel Spaß beim Vorlesen!

Ihr Team Leseempfehlungen der Stiftung Lesen

Stiftung Lesen

Geschichten erklären Kindern die Welt! Sie ...

- liefern Informationen und Wissen.
- regen Kinder dazu an, über den eigenen Tellerrand zu schauen.
- stärken sie in ihrem sozialen Verhalten.
- vermitteln wichtige Werte und haben oft eine zentrale Botschaft: Für Probleme gibt es Lösungen.

So lernen Kinder spielerisch die Welt und unterschiedliche Sichtweisen kennen.

ISBN 978-3-7432-1296-1
1. Auflage 2022

Umschlagillustration: Dagmar Henze
Logoillustration: Dagmar Henze
Umschlaggestaltung: Johanna Mühlbauer
Printed in the EU

www.loewe-verlag.de

Inhalt

Ein Fall für Rocky

Im Oktober wird es noch mal richtig warm. Die Knuddelbande ist bei Äffchen Hicks und schaukelt in der Hängematte. Da läuft ein kleines Mädchen an ihnen vorbei. Es ruft laut: „Mama! Papa! Wo seid ihr?"

Oje! Das Kind hat seine Eltern verloren. Die Knuddelbande beschließt sofort, ihm zu helfen, und teilt sich auf. Während Pinguin Knut und Hicks nach den Eltern suchen, wollen Steinbock Rocky und Minischwein Marta sich um das Mädchen kümmern. Es sitzt inzwischen auf einer Bank und weint. Marta und Rocky gehen zu ihm hin. Vorsichtig stupst Marta es mit dem Rüssel an und Rocky scharrt leise mit den Hufen.

„Geht weg!", schluchzt das Mädchen.

Aber Marta und Rocky lassen sich nicht so leicht abschütteln und Rocky hat eine tolle Idee. Er geht in die Knie und wackelt mit dem Kopf. Das Mädchen hört auf zu weinen und sieht den Steinbock verwundert an.

Marta deutet mit ihrem Rüssel auf Rockys Rücken. Jetzt hat das Mädchen verstanden. „Ich soll auf dir reiten?“

Als Rocky nickt, sagt das Mädchen leise, dass es noch nie auf einem Steinbock geritten ist. Rocky wartet geduldig. Endlich traut sich das Mädchen und klettert auf seinen Rücken. Ganz langsam steht der Steinbock auf und läuft los.

Das Mädchen hält sich an seinen Hörnern fest und fragt: „Bringst du mich zu Mama und Papa?“

Genau das hat Rocky vor. Gemeinsam mit Marta trabt er durch den Zoo.

Da ruft Marko über den Lautsprecher: „Die Eltern der kleinen Marie haben sich bei mir gemeldet. Sie warten neben der Kasse.“

Rocky bringt Marie sicher zum Eingang, zu Maries Eltern. Knut und Hicks stehen neben ihnen.

Marie strahlt. „Mama, Papa!“

Die Eltern laufen auf sie zu und der Papa breitet die Arme aus. „Komm her, mein Schatz!“

Marie umarmt ihren Papa ganz lange. Dann fragt sie, ob sie noch mal auf dem Steinbock reiten darf, weil das so toll war. Maries Eltern sind einverstanden und Rocky natürlich auch. Gerne dreht er eine Extrarunde durch den Zoo. Danach setzt er Marie behutsam wieder ab.

Die Eltern bedanken sich beim Steinbock und Marie streichelt seine Hörner. Das mag Rocky.

Am Abend freut sich die Knuddelbande, dass sie dem Mädchen helfen konnte. „Der Tag hat so viel Spaß gemacht. Jetzt sagen wir uns Gute Nacht.“

Matzepiep singt andersrum

Matzepiep war ein winzig kleiner Vogel mit winzigen bunten Federn. Schon als Vogelbaby hörte er einfach auf zu wachsen.

Und als Matzepiep eigentlich schon groß sein sollte, war er immer noch ganz klein und reichte den anderen gerade bis zum Knie.

Außerdem fiel es Matzepiep schwer, die Vogelsprache zu lernen. Er wollte immer nur rückwärtszwitschern.

Matzepieps Eltern dachten, dass er schon aufhören würde damit. Irgendwann.

Aber Matzepiep hörte nicht auf. Ganz im Gegenteil. Er zwitscherte jeden Tag lauter und schöner, aber eben rückwärts. Niemand verstand ihn und Matzepiep fühlte sich ein bisschen einsam.

Irgendwann beschloss Matzepiep herauszufinden, ob es vielleicht anderswo noch rückwärtszwitschernde Vögel gab.

Also flog er los. Über Felder, Wiesen und Wälder. Viele Tage lang. Aber nirgendwo traf er einen rückwärtszwitschernden Vogel.

Eines Tages kam er in eine seltsame Gegend.

Wunderlich große Bäume gab es dort mit wunderlich kleinen Vögeln. Solche Vögel hatte Matzepiep noch nie gesehen. Quietschebunt waren sie und zwitscherten genau wie er.

„Los, komm hoch zu uns!“, trällerten die Buntvögel Matzepiep zu. „Wir brauchen noch genau einen wie dich für unseren Chor.“

„Jaja, ich komme schon“, zwitscherte Matzepiep schnell zurück – und alle verstanden ihn.

Da war Matzepiep vielleicht glücklich! Er flatterte zu den anderen in die Baumkrone und ruhte sich erst einmal ein bisschen aus.

Dann zwitscherten sie gemeinsam los, was das Zeug hielt.

Die Sonne strahlte, der Himmel war blau und alles war schöner, als Matzepiep es sich je erträumt hatte.

Ob Matzepiep noch immer bei den kleinen bunten Vögeln ist? Hoch oben in der Baumkrone, die weit in den blauen Himmel ragt.

Das Affenabenteuer

Ticki ist ein kleiner Schimpanse und lebt mit seiner Schimpansenfamilie mitten im tiefsten Urwald. Dort, wo die Bäume fast bis in den Himmel reichen und so dick sind, dass kein Mensch sie umfassen kann.

Der kleine Schimpanse Ticki klettert oft von früh bis spät mit seiner Familie in den dicken Urwaldbäumen herum. Doch eines Tages, als der kleine Affe keine Lust mehr zum Klettern hat, beschließt er einfach, alleine den großen Urwald zu erkunden.

Aber das ist gar nicht so leicht, denn Tickis Mama liebt ihr kleines Äffchen sehr. Und deshalb passt sie auch gut auf, dass das Schimpansenkind immer in ihrer Nähe bleibt.

„Wenn ich mich ganz winzig klein mache, dann sieht Mama mich vielleicht gar nicht und ich kann unbemerkt davonschleichen", überlegt Ticki. Und schon liegt der kleine Affe flach auf dem Boden und kriecht lautlos wie eine Schlange über den weichen, dicht bemoosten Urwaldboden.

„Das Moos fühlt sich kuschelig an“, denkt der kleine Affe gerade, als er über sich die Stimme seiner Mutter hört: „Was ist denn los, Ticki? Suchst du etwas auf dem Boden? Hast du etwas verloren?“

Das Schimpansenkind erschrickt und steht schnell wieder auf. Natürlich erzählt Ticki seiner Mama nicht, dass er so dicht über den Boden gekrochen ist, weil er ausreißen wollte!

„Ich muss mir etwas Neues ausdenken!“, beschließt der kleine Affe. Schon im nächsten Augenblick hat er eine Idee: „Ich schleiche mich einfach rückwärts davon! Und wenn ich jemanden kommen sehe, verstecke ich mich blitzschnell hinter einem der mächtigen Bäume.“

Gesagt – getan. Ticki kann wirklich fast bis zum Rand der Waldlichtung rückwärtsgehen, ohne dass ein anderer Schimpanse bemerkt, dass er sich immer weiter entfernt.

Die ganze Zeit passt Ticki gut auf, damit er beim Rückwärtslaufen nicht stolpert. Deshalb ist er auch ganz überrascht, als plötzlich hinter ihm – oder eigentlich ja vor ihm – ein lauter Schrei erklingt: „Pass auf, Ticki, gleich fällst du über die riesige Wurzel dort!“

Ticki ärgert sich: Schon wieder hat Mama gemerkt, dass er sich heimlich davonschleichen will! Aber es stimmt, beinahe wäre er wirklich über die Wurzel gestolpert, die er ohne Mamas Warnung nicht rechtzeitig gesehen hätte.

Zusammen mit seiner Mama zerrt der kleine Schimpanse so lange an der großen Wurzel, bis sie schließlich niemandem mehr im Weg liegt.

Ticki ist vom Ziehen an der Wurzel so erschöpft, dass er plötzlich gar keine Lust mehr zum Ausreißen hat. Viel lieber klettert er auf seinen Lieblingsbaum und kuschelt sich gemütlich in eine Astgabel.

Ticki träumt ein wenig vor sich hin. Er möchte so gerne eine Möglichkeit finden, doch noch erfolgreich auszureißen. Er überlegt lange, doch dann ist sich Ticki sicher: „Ich werde es wie alle anderen Ausreißer machen. Ich renne einfach so schnell wie ein Blitz davon. Dann kann mich keiner aufhalten."

Der kleine Affe ist sich sicher, dass es so klappen wird, klettert vom Baum und rennt gleich los. Er rennt und rennt, so schnell er nur kann.

Die Bäume sausen nur so an Ticki vorüber und er entfernt sich immer weiter von den anderen. Für einen Moment blickt er sich um und niemand ist hinter ihm zu sehen. Doch gerade in diesem Augenblick landet Ticki in den weit ausgebreiteten Armen seiner Mama.

Ticki atmet noch einmal kräftig ein und aus und lacht dann. Mit einem Mal weiß er ganz genau, dass er nirgendwo auf der Welt lieber sein möchte als in den Armen seiner Mama. Und den Urwald erkunden, das können die beiden auch gemeinsam!

Die mitteldunkle Nacht

Heute Nacht schläft Marlene bei Lina. Nachdem Mama allen Gute Nacht gesagt hat, knipst Lina das Nilpferd, das Glitzerherz und die Giraffe an und stöpselt das Steckdosenschwein ein. Danach löscht sie das große Licht.

Marlene schaut mit gerunzelter Stirn von einem kleinen Licht zum nächsten. „Warum machst du die denn alle an?“, fragt sie verwundert. „Nur so“, antwortet Lina vorsichtig. Sie ist sich nicht ganz sicher, ob sie vor Marlene zugeben will, dass sie nicht im ganz und gar Dunkeln schlafen mag. „Ich kann so nicht einschlafen“, jammert Marlene. „Das ist mir zu hell. Zu Hause schlafe ich immer im Dunkeln.“

Ohne Lina zu fragen, knipst Marlene das Nilpferd aus. „Immer noch zu hell“, sagt sie dann. Lina bekommt Herzklopfen. Immer will Marlene alles bestimmen! Und tatsächlich: Jetzt hat sie auch das kugelige Leuchtschwein aus der Steckdose gezogen!

Marlene schaut sich prüfend um, geht einfach so zum Fenster und knipst auch noch das rote Herz aus. Jetzt ist es schon fast ganz dunkel im Zimmer. Nur die Giraffe mit dem langen Hals leuchtet noch. Lina und Marlene schauen sich an. „Das Giraffenlicht bleibt an", sagt Lina schließlich mit felsenfester Stimme. Marlene ist einverstanden.

Und das Giraffenlicht reicht tatsächlich zum Einschlafen! Eigentlich ist es sogar sehr gemütlich.

Bauchweh

Heute will Claudi mit Josef, Marie und Tobi im Zelt schlafen. Draußen auf dem Rasen. Und ausgerechnet heute Abend hat Claudi Bauchweh. Dabei hat sie so lange betteln müssen, bis sie überhaupt mitmachen durfte.

Die anderen finden Claudi nämlich noch zu klein zum Draußenschlafen.

Schon beim Spielen hat Claudi sich die ganze Zeit nicht richtig wohlgefühlt.

Und jetzt grummelt und poltert ihr Bauch, als ob sie die sieben Geißlein verschluckt hätte wie der Wolf aus dem Märchen.

Aber Claudi hat keine Geißlein verschluckt, nur ganz viel Pizza und Eis und Bohnensalat.

Claudi legt sich auf die Seite und starrt ins dunkle Zelt.

„Aua, aua“, jammert sie ganz leise, damit die anderen es nicht hören.

Aber Marie hört es trotzdem. Sie liegt direkt neben Claudi.

„Was ist denn los?“, will Marie wissen.

„Mein Bauch tut weh“, flüstert Claudi.

„Auch das noch“,

meckert Marie. „Ich hab doch gesagt, dass du noch zu klein bist zum Draußenschlafen."

„Bin ich nicht", antwortet Claudi kleinlaut.

„Zeig mal, wo tut's denn weh?", fragt Marie dann gnädig.

Claudi nimmt Maries Hand und legt sie genau auf die Stelle, die am meisten wehtut. Die Hand ist schön warm.

Claudis Bauch scheint das zu mögen, denn er fühlt sich schon ein bisschen besser an.

„Ein Glück!", denkt Claudi froh.

Auf einmal gibt es einen lauten Knall.

„Was war denn das?", fragt Marie erschrocken.

Claudi kichert und hält sich schnell die Nase zu. Da kapiert auch Marie. Sie rümpft die Nase und grinst.

„Und, ist dein Bauch denn jetzt besser?"

„Superbesser. Ich bin eben doch nicht zu klein zum Draußenschlafen", flüstert Claudi und gähnt.

Marie lässt ihre Hand vorsichtshalber noch auf Claudis Bauch liegen.

Und als die beiden am nächsten Morgen wach werden, liegt sie immer noch da. Wie eine kleine, gemütliche Wärmflasche.

Die Mondfee

Mitten im Wald liegt still und klar der schimmernde Traumsee. Und an seinem Ufer lebt, verborgen im dichten Schilf, die Mondfee. Noch nie hat ein Mensch die Mondfee gesehen, aber die Tiere, die am See wohnen, kennen sie gut. Denn jedes Jahr nach dem langen Winter, wenn der Schnee endlich geschmolzen ist, veranstaltet die Mondfee ein Fest für die Tiere am See. Gemeinsam wollen alle den Frühling begrüßen und versammeln sich am Seeufer. Und wie jedes Jahr soll es einen Wettlauf für die Tiere geben. Wenn es ihnen gelingt, miteinander den ganzen See zu umrunden, geht für jedes Tier ein Traum in Erfüllung. Allerdings bleibt ihnen für den Lauf nur so lange Zeit, wie sich der Mond im Traumsee spiegelt.

Die Tiere warten ungeduldig, bis die silberne Scheibe des Mondes am Himmel erscheint, und beim ersten Glitzern auf dem See machen sie sich auf den Weg.

Die Enten watscheln schnatternd vom Ufer ins Wasser und schwimmen – wie die Fische und die Biber – eilig los. Sie dürfen den See im Wasser umrunden.

Der alte Fuchs schleicht langsam auf allen vieren durch die Büsche nahe dem Seeufer und beobachtet dabei die Enten. Auf jeden Fall will er vor ihnen am Ziel ankommen!

Auch die Schmetterlinge, die Bienen und die Hummeln starten gemeinsam. Während die Bienen und Hummeln sich sehr beeilen, tanzen die bunten Schmetterlinge durch die kühle Nachtluft und vergessen dabei immer wieder die Zeit. Deswegen summen die Bienen und Hummeln um die Schmetterlinge herum und treiben sie zur Eile an.

Die Vögel aber beobachten das ganze Geschehen von oben, während sie selbst mit ruhigem Flügelschlag rund um den Traumsee fliegen.

Die Ringelnatter kriecht ganz versteckt mit ihrer Familie durch das Schilf am Seeufer.

Am Traumsee leben natürlich auch viele Tiere, die es niemals alleine schaffen könnten, den ganzen See zu umrunden. Die Schnecke zum Beispiel könnte sich noch so sehr beeilen, ihr würde es doch nie gelingen, in einer Nacht um den ganzen See zu kriechen. Auch die kleinen Käfer und die Spinnen würden es nicht schaffen.

Aber daran hat die Mondfee natürlich gedacht. Und so dürfen sich die größeren Tiere, die ihre Runde um den See bereits geschafft haben, zusammentun und die kleineren Tiere ein Stück weit auf ihrem Rücken tragen. Tatsächlich gelingt es auf diese Weise allen Tieren rechtzeitig, den Traumsee zu

umrunden, bevor der Mond hinter den Bäumen verschwunden ist und der See im Dämmerlicht daliegt.

Die Mondfee hält ihr Versprechen: Jedem einzelnen Tier erfüllt sie am Ende der Nacht einen ganz besonderen Traum. „Habt ihr auch einen gemeinsamen Wunsch?“, fragt sie dann lächelnd. Und wie jedes Jahr rufen die Tiere: „Wir wünschen uns neue Geschichten!“

Dann kuscheln sie sich zusammen und lauschen der Mondfee, bis sie alle nach und nach eingeschlafen sind und schöne Träume träumen.

Da lacht der kleine Bär

Da lacht der kleine Bär. Er lacht und lacht. Und warum? Weil er endlich Mama-Bär und Papa-Bär nach Hause kommen sieht. So schnell er kann, läuft er ihnen entgegen. Was für ein Wiedersehen! Mama- und Papa-Bär drücken den kleinen Bären fest an sich. „Sind wir froh, dass du wieder da bist!", lachen sie. „Wir haben dich überall gesucht!"

Und alle Tiere, das Eichhörnchen, das Stinktier, das Wiesel, die Ameise, der Kater, das Reh, der Hase, die Hummel, das Wildschwein und die Maus, jubeln ausgelassen und freuen sich mit Familie Bär.

„Das sind alles meine Freunde!", ruft der kleine Bär fröhlich. „Sie haben mich nach Hause gebracht und mir dabei ganz lustige Geschichten erzählt, damit ich nicht so traurig bin."

Papa-Bär und Mama-Bär nicken den Tieren freundlich zu.

„Aber obwohl die Geschichten so lustig waren, konnte ich gar nicht darüber lachen, weil ich euch sooo vermisst habe", sagt der kleine Bär. Und plötzlich hat er eine prima Idee: „Aber jetzt können meine Freunde ihre Geschichten ja noch einmal erzählen!", schlägt er vor.

Wie können die Tiere diese Bitte abschlagen?! Und eins nach dem anderen erzählt noch mal seine Geschichte. Und diesmal lachen alle so laut und fröhlich miteinander, dass weit und breit der Waldboden wackelt.

Ausgeschlüpft

Seit vielen Wochen schon brütet die Dinosauriermama über ihrem Ei, während der Dinosaurierpapa für sie die saftigsten grünen Blätter von den Bäumen pflückt, die er nur finden kann.

Eines Tages aber, als die Dinosauriermama gerade ein Nickerchen machen will, spürt sie unter sich eine leichte Bewegung. Sie hält ganz still und tatsächlich bewegt sich das Ei gleich wieder. „Endlich ist es so weit!“, sagt sie froh. „Heute wird mein Baby endlich schlüpfen.“ Die Dinosauriermama beobachtet das Ei ganz genau, bis ein kleiner Riss in der Schale zu sehen ist, der schnell größer wird.

Schließlich bricht die ganze Schale auf. Ein kleines Dinobaby streckt den Kopf hervor und schaut seine Mama mit großen Augen an. Es reckt und streckt sich und bald schon steht es auf seinen kleinen Beinen. Noch ein wenig wackelig versucht das Dinobaby seine ersten Schritte.

Doch hoppla, was war denn das? Dino ist über einen Stein gestolpert.

Neugierig dreht er sich um und schnuppert daran. Als der Stein ein Stückchen wegrollt, entdeckt Dino sein erstes Spiel. Immer wieder stupst er den Stein an und rennt ihm nach. So lange, bis er den Stein vor die Füße seiner Mutter gekugelt hat. Jetzt spielt der kleine Dino gemeinsam mit seiner Mama. Hin und her rollen die beiden den Stein, bis Dino von dem Spiel genug hat.

Dino sieht sich neugierig um und macht schon wieder

eine spannende Entdeckung. Ein langes Etwas liegt am Boden, ganz in seiner Nähe. Das muss Dino unbedingt näher betrachten.

Aber sosehr er sich auch bemüht, das seltsame Etwas entkommt Dino immer wieder. Wie ein Kreisel dreht sich Dino schneller und schneller im Kreis, bis er schließlich erschöpft auf seinen Po plumpst.

„Aber Dino“, erklärt ihm seine Mama, „das Etwas, das du fangen willst, ist doch dein eigener Schwanz!“

Dino überlegt erstaunt, aber schon beginnt der Spaß von Neuem: Jetzt versucht er, den Schwanz seiner Mama zu erwischen. Und natürlich hört Dino mit der aufregenden Jagd erst dann wieder auf, als er ganz außer Atem ist.

Die Dinomama nimmt ihr erschöpftes Baby in die Arme. „Komm, Dino, ruh dich ein bisschen aus. Das war ein anstrengender erster Tag für dich!“

Wie gut, dass du getrödelt hast!

An einem sonnigen Sommermorgen fragt Pinguin Knut: „Habt ihr Lust, zum Abenteuerspielplatz zu gehen?“

„Au ja!“, rufen seine Freunde.

Gut gelaunt macht sich die Knuddelbande auf den Weg. Steinbock Rocky, Äffchen Hicks und Pignuin Knut können es kaum erwarten und laufen, so schnell sie können, los. Irgendwann merken sie, dass Marta fehlt. Das Minischwein ist bei einer Wiese stehen geblieben und schnuppert an einer blauen Blume.

„Hm, die duftet aber gut!“, freut sich Marta. „Kommt her und riecht auch mal.“

„Jetzt nicht“, sagt Rocky. „Wir wollen doch zum Spielplatz.“

Weil Marta das natürlich auch möchte, schließt sie sich wieder ihren Freunden an.

Ein paar Meter weiter entdeckt das Minischwein leckere Walderdbeeren. „Hm, die schmecken aber gut!“, freut es sich. „Probiert auch mal.“

„Jetzt nicht“, sagt Knut und hüpft ungeduldig von einem Fuß auf den anderen. „Bitte komm endlich!“

Marta beeilt sich und holt ihre Freunde rasch ein.

Gemeinsam gehen sie weiter, bis das Minischwein wieder stehen bleibt und die Augen zumacht. Diesmal möchte Martha die Sonne und den Wind auf ihrem Rücken spüren. Ist das herrlich!

Jetzt wird es Hicks zu bunt. „Trödel doch nicht dauernd! So kommen wir ja nie zum Spielplatz."

„Na und?", sagt Marta, die nun ein bisschen beleidigt ist und sich extra nicht beeilt. Da entdeckt sie in einem hohlen Baumstamm einen kleinen Ball und ruft aufgeregt: „Seht mal, was ich gefunden habe!"

Neugierig laufen Rocky, Hicks und Knut zu ihr zurück. Die Knuddelbande probiert den bunten Ball gemeinsam aus und entdeckt, dass er richtig toll hüpfen kann. Den Ball müssen sie unbedingt zum Abenteuerspielplatz mitnehmen.

Hicks zwinkert Marta zu und kichert: „Wie gut, dass du getrödelt hast!“

Die Knuddelbande hat viel Freude auf dem Abenteuerspielplatz mit dem Ball. Am Abend werfen sie sich den bunten Ball gegenseitig zu und rufen laut: „Der Tag hat so viel Spaß gemacht. Jetzt sagen wir uns Gute Nacht.“

Wenn zwei sich streiten

Jeden Nachmittag kommen Max und Moritz mit ihren Mamas auf den großen Spielplatz im Stadtpark. Dort tauschen sie ihre Bagger und Förmchen, backen Sandkuchen und buddeln Tunnel. Währenddessen sitzen ihre Mütter daneben auf einer Bank, trinken Tee aus Thermosflaschen und unterhalten sich.

So geht es tagein, tagaus.

Doch eines Tages kann Max sein Schäufelchen nicht finden und fragt nach dem von Moritz.

Der aber will sein Schäufelchen nicht hergeben. Auf keinen Fall!

Max lässt nicht locker. „Du kriegst es doch gleich wieder!"

„Nein!", schreit Moritz. „Das ist mein Schäufelchen!"

Da versucht Max, Moritz das Schäufelchen wegzunehmen. Doch Moritz hält sein Schäufelchen fest umklammert und schreit, so laut er nur kann.

Sofort kommen die beiden Mütter angerannt.

„Was ist denn hier los?“, fragt die Mama von Max.

Max schnieft. „Der blöde Moritz will mir sein Schäufelchen nicht geben. Nicht mal ganz kurz!“

„Selber blöd!“, kräht Moritz und versucht, Max gegen das Schienbein zu treten.

„Hör sofort auf damit!“, ruft Moritz' Mama. „Sag, warum willst du denn Max dein Schäufelchen nicht geben?“

Moritz schnauft. „Weil ich es dann nie wiederkriege – ist doch klar!“

„So 'n Quatsch!“, meint Max und versetzt Moritz einen kräftigen Schubs.

„Was soll denn das?!“, schimpft Max' Mama. „Du bist doch sonst nicht so, Schätzchen!“

„Wenn mich der Moritz doch ärgert ...“, schmollt Max.

„Klar“, nickt seine Mama, „dann musst du dich schon wehren!“

„Aber doch nicht mit Schubsen!“, ruft Moritz' Mama dazwischen.

„Immerhin“, sagt Max' Mama giftig, „hat dein Moritz eben meinem Max gegen das Schienbein getreten.“

„Ja, aber nur, weil dein Max versucht hat, meinem Moritz das Schäufelchen wegzunehmen!“, entgegnet Moritz' Mama.

„Wir wissen ja alle“, sagt Max' Mama, „dass dein Moritz schlecht teilen kann. Da ist mein Max ja ganz anders.“

„Wie bitte?“, fragt Moritz' Mama entrüstet. „Dein Max muss ja auch nie Spielzeug abgeben!

Du vergisst es ja immer und Max bedient sich dann bei anderen."

„Was soll das denn heißen?", schreit Max' Mama. „Dafür bringe ich ständig Tee für uns beide mit und du hast noch nie ..."

„... Frechheit ...!"

„... Unverschämtheit ...!"

Max und Moritz aber hören dem Streit ihrer Mütter längst nicht mehr zu. Sie sitzen einträchtig zusammen im Sandkasten und buddeln Hand in Hand das tiefste Loch der Welt. Ob sie es heute bis zum anderen Ende der Erde schaffen ...?

Ganz bestimmt!

Schnirkel Schnecke

Schnirkel, die kleine Schnecke, wohnt im schönsten Gemüsegarten weit und breit, direkt am Gartenzaun. Meistens schläft sie. Dazu kriecht sie ganz tief in ihr Schneckenhaus und niemand kann sie sehen.

Ganz ruhig liegt sie in ihrem Haus und hört und sieht nichts.

Nur hin und wieder, wenn die Sonne heiß auf ihr Haus brennt, wacht die kleine Schnecke auf, weil sie durstig ist.

Ganz gemächlich und langsam kriecht Schnirkel aus ihrem Haus heraus und blickt sich vorsichtig in alle Richtungen um.

„Oh, bin ich hungrig!“, sagt die kleine Schnecke und macht sich auf, um einen fetten Salatkopf zu suchen. Ganz langsam kriecht Schnirkel durch den großen Gemüsegarten.

„Ich muss doch bald da sein“, denkt Schnirkel, aber das große Salatbeet ist noch nicht zu sehen. So knabbert die Schnecke einfach ein bisschen hier und ein bisschen dort.

Und dann hat Schnirkel endlich das Beet mit dem saftigen Salat gefunden. Sie setzt sich mitten in den dicksten und schönsten Salatkopf.

Der Salat schmeckt frisch und knackig und die Tautropfen auf seinen Blättern funkeln in der Sonne.

„Oh, wie lecker das schmeckt! Etwas Besseres ist mir noch nie untergekommen. Einfach köstlich!", schmatzt die kleine Schnecke.

Erst als Schnirkel schon fast platzt, macht sie sich ganz bedächtig wieder auf den Heimweg. Stück für Stück kriecht sie zurück zu ihrem Lieblingsplatz beim Gartenzaun.

Die Schnecke blickt sich noch einmal in alle Richtungen um, gähnt ausgiebig und zieht sich dann wieder in ihr gemütliches Haus zurück.

Lilli und Marlene

Heute sind Lilli und Marlene zu Besuch, die Cousinen von Lina und Emil. Die vier wollen lieber zu Hause bleiben, während ihre Eltern zum Einkaufen fahren. „Kommt, wir spielen Gruseln“, schlägt Lilli auf einmal vor. „Was soll denn das sein?“, will Emil wissen.

„Ihr werdet schon sehen!“, ruft Marlene. Blitzschnell lässt sie den Wohnzimmerrollladen hinuntersausen. Und danach alle anderen Rollläden. Ehe Lina sichs versieht, ist die ganze Wohnung stockdunkel. Wie erstarrt steht Lina im Wohnzimmer und wagt nicht, sich zu rühren. Und dann hört sie Lilli und Marlene: „Huhuuu, wir sind Ungeheuer!“ Plötzlich poltert es furchtbar laut und dann rattert und quietscht es auch noch.

Lilli und Marlene sind auf einmal ganz still. „Was ist das denn?“, fragt Lilli leise und ihre Stimme wackelt ein bisschen. Emil will einfach weiterspielen, doch Lina merkt genau, dass Lilli und Marlene nicht mehr Gruseln spielen wollen. Die beiden fürchten sich! „Aber das ist doch nur unsere alte Waschmaschine“, kichert Lina und macht schnell das Wohnzimmerlicht wieder an. Und im ganz und gar Hellen hört sich die Waschmaschine überhaupt nicht mehr unheimlich an.

Urwaldparty

Heute ist Urwaldparty! Wie immer kommen die Tiere auf der großen Lichtung zusammen.

Tarara, der älteste Papagei des Urwalds, hat bisher noch keine Urwaldparty versäumt. Er flattert wie jedes Jahr auf den höchsten aller Urwaldbäume und beobachtet von dort genau, wie die anderen eintreffen.

Sina Kobra, die lange Schlange, kriecht als Erste aus einem entfernten Winkel des Urwalds langsam auf den Festplatz zu. Und ihre Freundin, Sana Kobra, schlängelt gleich hinter Sina her.

Olaf Strauß ist ein richtiger Spaßvogel, deshalb darf er auf keiner Party fehlen. Drei Schritte vor, zwei Schritte zurück, springt er auf die Lichtung zu. Und als Erster beginnt er sogar zu tanzen.

Olaf Strauß bemerkt gar nicht, dass Peter Panther eintrifft. Wie es seine Art ist, schleicht der Panther leise und unauffällig herbei und klettert auf einen ruhigen Beobachtungsposten, auf den Baum direkt neben Tarara.

Natürlich entgeht den beiden nicht, wie die kleinen Käfer alle zusammen angeflogen kommen. Die riesengroße Käferfamilie kann wirklich keiner übersehen!

Der nächste Besucher, Bimbo Elefant, wird sowieso nie übersehen. Seine stampfenden Schritte hallen

schon durch den Urwald, lange bevor Bimbo selbst zu sehen ist.

„Halt, warte auf mich!“, ruft Zeta Zebra, seine beste Freundin, und kommt eilig hinter dem Elefanten hergaloppiert.

Immer mehr Partybesucher treffen gleichzeitig auf dem Festplatz ein. Flatternde Schmetterlinge, auf allen vieren rennende Affen, springende Antilopen.

Wenig später folgen die schwerfälligen Bären und ganz langsam – im Schneckentempo – kriechen zwei Schnecken den Weg entlang.

Als die Sonne langsam untergeht, schreitet Leo Löwe, der König des Urwalds, stolz und erhaben auf die Lichtung. Er blickt ruhig in die Runde, bevor er sich majestätisch mitten auf dem großen Platz niederlässt.

Alle blicken den Löwen erwartungsvoll an und durch ein gnädiges Kopfnicken gibt er endlich das Zeichen, dass die Urwaldparty beginnen kann. Ausgelassen und fröhlich feiern und tanzen nun alle Urwaldtiere eine ganze Nacht lang – bis zum Sonnenaufgang.

Ausgebüxt!

Rund um den Zoo gibt es einen großen Zaun. Äffchen Hicks liebt es, darauf herumzuhüpfen. Eines Tages entdeckt er, dass eine Latte des Zauns locker ist, und zieht daran. Dabei brechen gleich zwei Latten ab, sodass jetzt ein Loch im Zaun ist. Aufgeregt rennt Hicks zu seinen Freunden und erzählt ihnen davon.

„Stark!“, sagt Steinbock Rocky. „Dann können wir ausbüxen und mal sehen, was hinter dem Zaun ist.“

Alle sind ganz aufgekratzt und Minischwein Martas Borsten zittern ein bisschen.

Die Knuddelbande wartet, bis niemand in der Nähe ist, und schleicht zum Zaun. Hicks schlüpft zuerst durch das Loch. Danach versucht Rocky sein Glück, aber er bleibt stecken. Pinguin Knut und Marta schieben

kräftig von hinten und Hicks zieht vorne an den Steinbockhörnern. Und auf einmal macht es endlich *Plopp!*.

Juhu! Sie sind draußen. Vor ihnen liegt eine große Straße. Mannomann, brausen da viele Autos. Die Knuddelbande muss lange warten, bis die Straße endlich frei ist, und flitzt schnell rüber. Geschafft!

Da entdeckt Knut eine Eisdiele. Der Verkäufer starrt sie verdutzt an, aber er schenkt jedem ein kleines Eis, und die Knuddelbande zieht weiter. Sie kommen zu einer Baustelle und bestaunen den riesigen Kran und die Bagger. Wenn die nur nicht so einen Krach machen würden ... Und dieser Staub! Rocky hustet und will schnell weg.

Die Knuddelbande geht in ein Kaufhaus. Dort ist es zum Glück ruhiger, aber es riecht ganz stark. Während Marta dauernd niesen muss, läuft Hicks auf eine Treppe zu. Hilfe, was ist das? Die Treppe bewegt sich ja, sie rollt nach oben!

Als Hicks auf eine Stufe springt und losfährt, laufen Rocky, Marta und Knut sofort hinterher. Ist das lustig auf der rollenden Zaubertreppe! Plötzlich hört die Treppe auf und die Knuddelbande purzelt kichernd übereinander.

„Ich kann nicht mehr", keucht Knut.

Rocky, Marta und Hicks haben auch genug und beschließen, nach Hause zu gehen.

Als alle gesund und munter wieder im Regenbogenhof sind, stöhnt Rocky: „Mannomann, ist da draußen viel los! Bei uns im Zoo ist es viel ruhiger."

„Bei uns ist es sowieso am allerschönsten", sagt Marta.

Das finden die anderen auch und am Abend murmelt die Knuddelbande erschöpft: „Der Tag hat so viel Spaß gemacht. Jetzt sagen wir uns Gute Nacht."

Die Micky-Maus-Zahnbürste

„Wie gut, dass kein Monster unter dem Bett war", sagt Max am Morgen. Die ganze Nacht hat er bei seiner Schwester Mia geschlafen, das war sehr gemütlich. Mia nickt und streichelt Kater Franz, der auf der Fensterbank liegt und schnurrt. In dem Moment ruft Mama, dass Mia und Max sich jetzt beeilen sollen. Mia schnappt sich schnell ihre neue Micky-Maus-Zahnbürste, die beim Zähneputzen mit den Ohren wackelt. Max rennt durchs Badezimmer.

Er ist schon wieder ein Raumschiff und surrt mit ausgebreiteten Armen herum. Und da passiert es! Max stolpert und stößt gegen Mias Arm und die Micky-Maus-Zahnbürste fällt auf den Badezimmerboden.

Erschrocken steht Max da. Er traut sich absolut nicht, in Mias Richtung zu schauen. Mia starrt auf die kaputte Zahnbürste. Ganz schwach fühlt sie sich vor Kummer und Wut. In ihren Augen brennen Tränen. „Ich hasse dich!“, faucht sie schließlich und rennt in ihr Zimmer.

Mia verkriecht sich unter ihrer Bettdecke und weint und weint und weint. Mama versucht, Mia zu trösten. Aber Mia dreht sich weg.

Da verspricht ihr Mama, gleich heute Mittag eine neue Zahnbürste zu kaufen. Damit ist Mia einverstanden. „Darf ich die alte haben?“, quengelt Max. Mama nickt und dann bastelt Max aus den Einzelteilen der kaputten Zahnbürste ein komisches Irgendetwas. Mia schaut finster zu. „Was soll denn das sein, du Kaputtmacher?“, fragt sie und merkt, dass sie immer noch ein bisschen böse auf Max ist. „Das ist natürlich der Motor für mein Raumschiff, aber das kapierst du ja nicht“, erklärt Max und saust brummend davon. Da geht Mia zu Mama ins Wohnzimmer. „Warum wolltet ihr Max überhaupt?“, will sie wissen. „Damit unsere große Mia einen kleineren Bruder zum Spielen hat“, sagt Mama. Mia muss an letzte Nacht denken, und plötzlich findet sie, dass die Idee doch gar nicht so schlecht war.

Die Gummibärchenmama

Die Gummibärchenmama ist, und das weiß jeder Bär, das größte aller Gummibärchen. Und sie hat unendlich viele kleine Gummibärchenkinder, in Rot, Gelb, Weiß und Orange, die ihr überallhin folgen. Jeden Tag.

Bis eines Tages ein schreckliches Gummibärchenunglück geschieht – und ein kleines rotes Gummibärchen verloren geht.

Da setzt sich die Gummibärchenmama auf den Boden und weint ganz bitterlich. Sie weint und weint, bis ihre Augen vom vielen Weinen ganz rot sind. So rot wie das kleine Gummibärchen, das sie so schrecklich vermisst.

Ein kleiner Spatz kommt vorbeigeflogen und hat Mitleid mit der Gummibärchenmama. Er

beschließt, einfach so zu tun, als wäre er das kleine rote Gummibärchen.

Der Spatz kuschelt sich zärtlich an die Gummibärchenmama, doch die sagt gleich: „O nein, o nein, das kann niemals mein Bärchen sein!“

Und weil der kleine Spatz die Gummibärchenmama nicht trösten kann, fliegt er weiter.

Da kommt eine kleine Katze vorbei. Auch ihr tut die Gummibärchenmama leid und sie kuschelt sich wie ein Gummibärchenkind an das große Gummibärchen.

Doch die Gummibärchenmama weiß sofort: Das kann niemals ihr Bärchen sein! Also zieht auch die Katze weiter.

Eine alte Schlange kriecht langsam zur Gummibärchenmama und will sie trösten.

Natürlich erkennt die Mama gleich, dass das keines ihrer Kinder sein kann. „O nein, o nein, das kann niemals mein Bärchen sein!“, weint sie wieder und so kriecht auch die alte Schlange weiter.

Als ein kleiner Igel sich an die Gummibärchenmama kuscheln möchte, jammert sie laut: „O nein, o nein, so stachelig kann kein Bärchen sein!“

Der Igel rennt schnell weiter.

Durch das Weinen angelockt, streckt ein Regenwurm den Kopf aus der Erde. Er ringelt sich zur Gummibärchenmama, doch auch er kann sie nicht täuschen und muss weiterkriechen.

Einsam und unglücklich sitzt die Gummibärchenmama da und schluchzt immer noch herzzerreißend. Doch plötzlich spürt sie ein sanftes Zupfen am Arm. Tatsächlich – endlich ist das lang vermisste kleine Gummibärchen wieder da und kuschelt sich an seine Mama. „So weich und klein und fein – das muss mein rotes Bärchen sein!“

Waldspaziergang mit Familie Wildschwein

Familie Wildschwein macht einen Waldspaziergang: Mama Wildschwein, Papa Wildschwein und die kleinen Wildschweine Wim, Wum und Wolle. Mama und Papa Wildschwein stampfen mit schweren Schritten durch den Wald.

Die drei Frischlinge hüpfen durchs Unterholz. Erst langsam, dann immer schneller.

„Fangt mich!", ruft Wim. Wum und Wolle jagen hinter Wim her, immer im Kreis.

Plötzlich bleibt Wim stehen. „Schaut mal, ein Kaninchenloch!", ruft er. „Ob dadrin noch Kaninchen wohnen?" Sofort stecken die drei

Wildschweine ihre Rüssel in das Loch und fangen an zu graben. „Ich glaube, die Kaninchen sind ausgezogen", sagt Wim nach einer Weile.

Aber da hat Wolle schon etwas Neues entdeckt. „Kommt her!", ruft er. „Hier ist eine super Dreckpfütze."

Platsch! Schon springt Wolle in die Pfütze. Wim und Wum hüpfen hinterher und die drei kleinen Wildschweine suhlen sich ordentlich im Dreck.

Als die drei sich eine Weile hin und her gewälzt haben, sind sie von oben bis unten mit Schlamm bedeckt.

„Wie seht ihr denn aus?", fragt Mama Wildschwein und schüttelt den Kopf.

Da kommt plötzlich Wind auf. Er weht immer stärker und rauscht in den Blättern der Bäume.

Die ersten Regentropfen fallen vom Himmel, direkt auf die schmutzigen Rücken der Wildschweine.

Es regnet immer stärker, bis ein richtiger Platzregen auf die Wildschweine hinunterprasselt.

Mama und Papa Wildschwein stellen sich unter eine Tanne, damit sie nicht nass werden.

Aber die Wildschweinkinder finden den Regen klasse.

„Juchhu, es regnet!", grunzen sie und planschen in den Pfützen herum.

Aber da zuckt plötzlich ein Blitz über den Himmel und die kleinen Wildschweine laufen schnell zu ihren Eltern.

Kawumm! Ein lauter Donnerschlag dröhnt durch den Wald.

Zum Glück zieht das Gewitter schnell vorüber. Der Regen lässt nach. Und die Sonne kommt wieder heraus.

Die kleinen Wildschweine legen sich auf eine Lichtung im Wald und lassen sich von der Sonne trocknen. Das ist schön warm! Eins nach dem anderen schließt die Augen und kurze Zeit später sind alle drei eingeschlafen.

Mia ist mutig

Heute kommt Anna zu Mia und Max. Anna wohnt im Nachbarhaus und ist schon fünfzehn. Sie kommt zu den beiden, um auf sie aufzupassen, weil Mama am Nachmittag in die Stadt gehen will. Max spielt im Kinderzimmer und Anna ist mit Mia im Wohnzimmer. Mia will ihr zeigen, wie gut sie schon lesen kann. Mitten in der spannendsten Geschichte hören Mia und Anna lautes Jammern aus dem Kinderzimmer. „Das ist Max", sagt Mia und springt auf. Im Kinderzimmer steht Max am Fenster und weint.

„Was hat er nur?“, wundert sich Anna.

Aber Mia hat schon gesehen, was passiert ist. Max hat mit seinem Teddy Astronaut gespielt und ihn aus dem Fenster fliegen lassen. Und jetzt liegt der Teddy auf dem Balkon vom gemeinen Herrn Schulz! Anna versucht, Max zu trösten, aber er schreit nur. Mia überlegt. „Ich muss den Teddy holen“, sagt sie entschlossen und läuft los. Vor der Tür von Herrn Schulz wartet sie. Soll sie sich trauen? Herr Schulz guckt immer so böse, wenn Max Raumschiff spielt und Krach macht. Aber Mia atmet tief ein und drückt auf die Klingel. Herr Schulz öffnet und hat schon den Teddy in der Hand. „Gehört der euch?“, fragt er ganz nett. Mia nickt, flüstert: „Danke!“, und rennt mit Max' Teddy die Treppe hinauf. Als Mama nach Hause kommt und Anna ihr die ganze Geschichte erzählt, ist Mama sehr stolz, dass Mia so mutig war.

Es ist so kalt!

Der Winter zieht ein in den Regenbogenhof, mit richtig viel Schnee und Eis. Nur noch wenige Besucher kommen in den Zoo. Kein Wunder, wenn es draußen bitterkalt ist. Besonders Äffchen Hicks und Minischwein Marta frieren sehr.

„Brrr! W… wie hältst du das bloß aus in deinem eisigen Wasserbecken?“, fragt das Äffchen und klappert mit den Zähnen.

Martas Borsten zittern. „Genau, wie macht ihr Pinguine das eigentlich? Wie übersteht ihr den Winter am Südpol?“

Das möchte Steinbock Rocky auch gerne wissen, obwohl er natürlich nie zugeben würde, dass ihm saukalt ist. Pinguin Knut steigt aus seinem Becken und schüttelt sich. Wassertropfen spritzen nach allen Seiten und Hicks geht kreischend in Deckung.

Knut lacht. „Na, dann kommt mal alle mit. Ich zeige euch, wie wir Pinguine das machen.“

Die Knuddelbande stapft durch den Schnee zur Spielwiese. Die Wiese ist ganz weiß, kein einziger Grashalm spitzt heraus. Knut erzählt, dass den Pinguinen die Kälte eigentlich nichts ausmacht. Aber manchmal bibbern sie auch. Dann rücken sie ganz dicht zusammen und wärmen sich gegenseitig.

Die Knuddelbande probiert es aus. Sie stellen sich so dicht nebeneinander, dass keine Schneeflocke mehr dazwischenpasst.

„Juhuu!“, freut sich Hicks. „Es klappt.“

Martas Borsten zittern gar nicht mehr und auch Rocky friert jetzt nicht mehr so stark. Da kommen Esel Strubbel, Elefantendame Tanja, Ameisenbär Quirin und die Giraffen Gala und Gandi vorbei. Tanja ist neugierig und erkundigt sich, was sie da machen. Nachdem Knut es erklärt hat, möchten sich die Tiere auch dazustellen. Die Knuddelbande findet das gut. Ganz eng rücken sie zusammen. Das sieht lustig aus, wie ein großes Wollknäuel.

„Kommt, lasst uns Polonaise tanzen!“, schlägt Marta vor.

Alle machen mit und tanzen in Schlangenlinien durch den Schnee. Dabei wird ihnen schön warm.

Am Abend kuschelt die Knuddelbande wieder so lange, bis ihnen gar nicht mehr kalt ist. Glücklich rufen sie: „Der Tag hat so viel Spaß gemacht. Jetzt sagen wir uns Gute Nacht.“ Dann schlafen sie ein und träumen vom Frühling.

Bauer Abendruhs Nachtgeschichte

Der Tag neigt sich dem Ende zu. Träge schickt die Sonne ihre letzten milden Strahlen auf die Erde und taucht Bäume und Felder, Blumen und Wälder in warmes Dämmerlicht.

Auch auf dem Hof von Bauer Abendruh wird es langsam still.

„Gute Nacht, ihr Lieben!“, sagt die Sonne und versinkt langsam hinter den grünen Hügeln.

Die Enten auf dem Teich schwimmen ans Ufer und lassen sich unter den hängenden Zweigen der alten Weide in ihrem Nest nieder. Vorsichtig nimmt die Entenmutter ihre Küken unter die Fittiche und deckt sie mit ihren warmen Federn zu.

Die Küken sind heute zum ersten Mal auf dem Teich geschwommen.

War das aufregend! Nun merken sie, wie müde ihre kleinen Füßchen sind, und sie freuen sich über ihr bequemes Nest.

„Macht die Augen zu, meine Lieblinge!“, sagt die Entenmama. „Ich wünsche euch schöne Träume.“

Und die Entenküken kuscheln sich fest aneinander und schlafen warm und sicher ein.

Gar nicht weit weg, drüben im großen Stall, legt sich auch das kleine Fohlen zur Ruhe. Den ganzen Tag hat es auf der Weide gespielt und ist übermütig den Schmetterlingen hinterhergesprungen. Welch eine Freude, so über die Koppel zu jagen und sich im Gras zu wälzen!
Aber jetzt ist das Fohlen müde. Wie warm das Stroh ist! Und wie angenehm es duftet!

Die Pferdemama schnuppert liebevoll am Fell ihres kleinen Lieblings und schnaubt leise mit den Nüstern:

„Schlaf gut, meine kleine Prinzessin! Wie schön, dass ich dich habe!“

Das kleine Fohlen genießt die Nähe seiner Mama und schläft friedlich ein.

Auch die jungen Kätzchen kuscheln sich ganz eng zusammen. Sie haben den großen Stall erforscht und Fangen gespielt. Wie müde sie jetzt sind!

Alle sieben Katzenkinder liegen bei ihrer Mutter in einer kleinen Höhle aus Stroh, die sie ihnen für die Nacht bereitet hat: das kleine rote, das getigerte, das schwarz-weiß getupfte, das besonders neugierig ist, das kleine mit dem schneeweißen Fell und das freche schwarze mit den weißen Pfötchen.

Die beiden kleinsten Kätzchen haben noch Durst und trinken einen letzten Schluck warme Milch. Hmm, ist das gut!

Die kleinen Kätzchen strecken sich, müde von diesem langen Tag. Warm und friedlich liegen sie am Bauch ihrer Katzenmama und genießen das zarte Schnurren, das sie hören und spüren können und das ihnen das Gefühl gibt, sicher und geborgen zu sein.

„Habt eine gute Nacht!", schnurrt die Katzenmama. „Ich bin bei euch und passe auf euch auf."

Und die Katzenbabys schließen ihre Augen und schlafen wohlig ein.

Nun ist es ganz still im Stall. Friedlich und leise senkt sich die Dunkelheit über die kleinen und großen Tiere auf Bauer Abendruhs Hof.

Der Mond steigt am Himmel empor, hoch über die Baumspitze der alten Weide, unter der die Entenküken schlafen. Er kann die Entchen sehen, wenn er durch die Zweige lugt. Sie schlafen warm und sicher.

Der Mond schickt sein silbernes Licht auch in den großen Stall. Das kleine Fohlen träumt ruhig und friedlich. Und die Katzenbabys genießen im Schlaf das wärmende Fell ihrer Mutter.

„Es ist gut", denkt der Mond. „Die kleinen und großen Tiere schlafen friedlich und ich wache über sie. Ob auch schon alle Kinder schlafen?" Der Mond setzt seine Reise über den Himmel fort und leuchtet in die Kinderzimmer hinein.

Der kleine Junge von Bauer Abendruh hält seinen Teddy fest im Arm und lächelt im Schlaf. Sein Schwesterchen nuckelt am Daumen.

„Es ist gut“, denkt der Mond. „Schlaft ruhig und friedlich, ihr kleinen Mädchen und Jungen, all ihr wunderschönen Kinder, die ihr so neugierig durchs Leben geht. Schlaft gut in den neuen Tag!“

Spukunterricht im Geisterschloss

Hoch oben auf dem Berg, im alten Schloss, schlägt die Turmuhr zwölfmal. Geisterstunde!

„Heute üben wir Spuken", sagt Gespensterlehrer Gruselmusel zu den kleinen Gespenstern. „Fliegt auf eure Plätze, gleich geht's los!"

Die kleinen Gespenster schweben aufgeregt im großen Rittersaal umher. Spuken ist ihr Lieblingsfach! Jedes Gespenst sucht sich schnell eine Ritterrüstung und schlüpft hinein.

Nur Kürbis ist mal wieder zu langsam. Für ihn bleibt nur die alte, verrostete Rüstung in der Ecke übrig, die sonst keiner haben will. Seufzend zwängt er sich hinein. Ob er die Spukübungen heute hinbekommt? Er wäre so gerne ein richtiges Spukgespenst.

„Auf geht's", sagt Herr Gruselmusel mit gespenstischer Stimme. „Zuerst klappern wir mit den Zähnen. Und zwar ganz leise!" Herr Gruselmusel macht es vor.

Und die kleinen Gespenster klappern mit ihren kleinen Zähnen ganz leise.

„Und jetzt ganz laut!", ruft Herr Gruselmusel und die kleinen Gespenster klappern so laut mit den Zähnen, wie sie nur können.

Das klingt ganz schön gruselig! Selbst Kürbis bekommt eine Gänsehaut.

„Zweite Spukübung: Kettenrasseln!", heult Herr Gruselmusel jetzt. Alle schnappen sich ihre Ketten und fangen an zu rasseln. Das macht viel mehr Lärm als das Zähneklappern. Kürbis' Kette ist so verrostet, dass sie eher quietscht als rasselt.

„Achtung, jetzt kommt das Gespensterheulen!", kündigt Herr Gruselmusel nach dem Kettenrasseln an. „Erst leise, dann immer lauter."

Die Gespenster legen gleich los. Erst ganz leise und dann immer lauter.

„Stopp!", ruft Herr Gruselmusel und es wird mit einem Schlag wieder still im alten Rittersaal.

Kürbis atmet auf. Hoffentlich hat niemand gemerkt, dass sein Gespensterheulen ziemlich schief geklungen hat.

„Zum Schluss dürft ihr mit euren Ritterrüstungen klappern", sagt Herr Gruselmusel. „So laut ihr könnt. Auf die Plätze, fertig, los!"

Das lassen sich die kleinen Gespenster nicht zweimal sagen.

Die Gespenster veranstalten so einen Lärm, dass der alte Kronleuchter an der Decke des Rittersaals anfängt zu zittern.

Nur in Kürbis' Ecke bleibt es still. Er kann seine Rüstung nicht bewegen, weil sie so verrostet ist. Dabei würde Kürbis so gerne mitklappern! Mit letzter Kraft versucht er, ein rostiges Bein zu heben – da ertönt plötzlich ein furchtbar lautes Scheppern.

Kürbis' Ritterrüstung ist zusammengekracht! Kürbis wird zuerst knallrot und dann geisterbleich. Bestimmt lachen ihn gleich alle aus. Am liebsten würde er sich in Luft auflösen, aber das bringt ihnen Herr Gruselmusel erst nächstes Jahr bei.

Doch alle Gespenster halten vor Schreck den Atem an.

Es ist plötzlich ganz still im Saal.

So still, dass Kürbis sein Herz schlagen hören kann. Es schlägt ganz schnell: bumm, bumm, bumm.

„Das war klasse, Kürbis!“, meint Herr Gruselmusel, nachdem sich alle von dem Schreck erholt haben. „Eine super Gruselvorstellung! Du hast sogar mich erschreckt!“

Alle Gespenster klatschen und Kürbis' bleiches Gespenstergesicht läuft wieder knallrot an – aber diesmal vor Freude.

Möhrentorte und eine große Überraschung

Es waren einmal zwei kleine Hasen, die zankten von früh bis spät.

Sie zankten beim Frühstück um den ersten Tropfen Honig und um die letzte Scheibe Knäckebrot.

Sie zankten mit ihren Hasenfreunden, bis sie keine mehr hatten.

Sie zankten um die Bauklötze, um die Spielzeugeisenbahn und um die einarmige Puppe.

Und abends zankten sie um den Platz auf Papas Schoß und darum, wer Mama den dickeren Gutenachtkuss gegeben hatte.

Die Haseneltern wussten sich keinen Rat mehr, wie sie das ewige Streiten beenden sollten.

Aber dann kam Oma Hase zu Besuch.

„Passt auf, ihr beiden Streithasen", sagte Oma Hase. „Wenn ihr es schafft, drei Tage lang friedlich zu sein, erlebt ihr eine große Überraschung!"

„Überraschung! Jaaa!!!", krähten die beiden Häschen und waren sich zum ersten Mal in ihrem Leben einig.

Zusammen malten sie ein riesengroßes Schild, auf dem stand:

Und immer, wenn die beiden kurz davor waren, sich in die Barthaare zu kriegen, deutete einer von ihnen schnell auf das Schild.

An ihrem ersten streitfreien Tag bauten die Hasenbrüder eine große Ritterburg, dann malten sie zusammen ein Bild für Opas Geburtstag.

Am zweiten Tag spielten sie Verstecken und Hüpfekästchen und halfen Mama beim Plätzchenbacken.

Am dritten Tag verkleideten sie sich als wilde Piraten, ließen sich von Papa durchkitzeln und Mama beim „Häschen-ärgere-dich-nicht"-Spielen gewinnen.

Die beiden hatten so viel Spaß, dass sie darüber fast ihre versprochene Überraschung vergessen hätten – bis Oma am vierten Tag eine große goldgelbe Möhrentorte auf den Tisch stellte.

„Das ist meine Überraschung für euch, meine Häschen", sagte sie. „Aber die größte Überraschung habt ihr euch selber bereitet, meint ihr nicht auch?"

Die Hasenbrüder sahen sich an und kicherten.

Dann rannten sie in ihr Zimmer und malten ein neues Schild, auf dem stand: „Weniger Streit = mehr Spaß!“

Als die kleinen Hasen wieder am Tisch saßen, schnitt Mama die goldgelbe Torte an.

Und zum allerersten Mal stritten die beiden Häschen nicht, wer das erste Stück bekommen sollte.

Keine Frage, das erste Stück war für Oma!

Der kleine Hase macht einen Ausflug

Das ist Hoppel, der kleine Hase. Hoppel will heute etwas unternehmen.

„Tschüss, Mama“, sagt Hoppel zu Mama Hase. „Ich mache einen Ausflug in den Wald.“

„Ganz alleine?“, fragt Mama. „Soll ich nicht lieber mitkommen?“

Der kleine Hase schüttelt den Kopf.

„Nein, nein!“, ruft er. „Ich bin doch schon groß und ich hab überhaupt keine Angst alleine im Wald.“

„Na gut“, sagt Mama. „Aber geh nicht zu weit weg.“

Der kleine Hase hoppelt los.

Hoppel läuft über eine Wiese und schnuppert an den Blumen. Die riechen so gut, dass er vor Freude mit den Ohren wackelt.

Dann hüpft Hoppel zwischen den Bäumen hindurch ins Unterholz. Hier ist es ganz dunkel und still.

Aber was ist das? Hoppel hört ein Geräusch. *Knack, knack.*

Wird er etwa von einem gefährlichen Tier verfolgt? Schnell duckt sich der kleine Hase und legt die Ohren an. Er macht sich ganz klein, damit ihn das gefährliche Tier nicht sieht.

Jetzt ist es wieder ganz still unter den Bäumen, das Geräusch ist verschwunden. Hoppel läuft weiter. *Knack, knack.*

Hoppel bleibt stehen und lauscht. Doch alles ist still. Ängstlich wackelt Hoppel ein bisschen mit seinen Ohren.

Der kleine Hase hüpft weiter – und wieder knackt es. Als er stehen bleibt, ist nichts mehr zu hören.

Ach so! Jetzt weiß Hoppel Bescheid. Er wird gar nicht von einem gefährlichen Tier verfolgt! Es sind nur die Zweige, die beim Hoppeln unter seinen Pfoten knacken! Hoppel ist so erleichtert, dass er ein paar Luftsprünge macht.

Dann hoppelt er schnell nach Hause.

„Da bist du ja wieder", sagt Mama und gibt Hoppel einen Kuss. „Na, wie war dein Ausflug?"

„Super!“, antwortet Hoppel.

„Hast du dich denn gar nicht gefürchtet, so ganz alleine im Wald?“, will Mama wissen.

Hoppel schüttelt den Kopf und reckt sich in die Höhe. „Quatsch. Ich bin doch schon groß!“

Lina und das Gewitter

Heute wird Lina bei Oma und Opa schlafen. Mama packt eine kleine Übernachtungstasche für sie und Lina steckt in der Zwischenzeit ihr Nilpferd, ihr Steckdosenschwein, ihr Glitzerherz und die Plastikgiraffe sorgfältig in eine Extratasche. Dann geht es los, und Oma und Opa freuen sich sehr, als Lina bei ihnen vor der Tür steht. Erst viel, viel später bemerkt Lina, dass sie ihre kleine Extratasche zu Hause vergessen hat. Ganz aufgeregt sitzt sie im Oma-Opa-Bett. „Du darfst unsere Nachttischlichter brennen lassen“, tröstet Opa und knipst zwei kleine Lampen an. Aber leider geben sie nicht viel Licht in dem dämmrigen Zimmer.

In diesem Moment fängt es draußen am Nachthimmel an zu grummeln und zu rumpeln. „Oje, jetzt gibt es auch noch ein Gewitter", sagt Opa und schaut Lina besorgt an. „Wenn du Angst im Dunkeln hast, hast du doch bestimmt auch Angst vor Blitz und Donner, oder?" Genau da blitzt es und für einen kurzen Augenblick ist es wunderschön hell im Zimmer. „Nee", sagt Lina, „vor Gewittern hab ich überhaupt keine Angst." Sie kuschelt sich zufrieden unter der Decke zusammen und wartet auf den nächsten, alles hell machenden Blitz. Und während es draußen blitzt und donnert, kann Lina prima einschlafen.

Mal ist es warm, mal ist es kalt

Der kleine Hund Benni liegt auf dem Rasen und döst in der Sonne. Benni fühlt sich wohl. Ihm ist mollig warm. Ist das gemütlich!

Doch plötzlich weht ein kühler Wind über den Rasen und verwuschelt Bennis Fell.

Benni öffnet die Augen, denn der kühle Wind hat ihn geweckt. Die Sonne ist hinter den Wolken verschwunden und hat ihre mollige Wärme mitgenommen. Und jetzt fängt es auch noch an zu regnen! Kalte Regentropfen fallen auf Bennis Fell.

Als der Regen aufhört, rennt Benni durch den Garten, damit ihm wieder warm wird. Puh, das ist ganz schön anstrengend!

Endlich verschwinden die dunklen Wolken und die Sonne kommt wieder heraus. Sie brennt auf Bennis Fell. Nun wird ihm sogar zu warm. Er braucht dringend eine Abkühlung und springt mit einem gewaltigen Satz in den Gartenteich, dass es nur so spritzt. Die Goldfische schwimmen erschrocken davon. Benni japst. *Brrr*, das Wasser ist ganz schön kalt!

Benni krabbelt schnell aus dem kalten Wasser und schüttelt sich. Dann läuft er ins Haus und hüpft in sein kuscheliges Körbchen direkt neben der Heizung. Langsam trocknet die Wärme sein Fell und ihm wird wieder schön warm. Die Wärme hüllt ihn ein wie eine Decke und ihm fallen die Augen zu. Schlaf gut, Benni!

Der Vorkoster des Königs

König Boris hat schlechte Laune. „Mein Spiegelei ist schon wieder angebrannt", schimpft er beim Mittagessen und schiebt seinen goldenen Teller weg. „Und der Spinat ist total verkocht. Das esse ich nicht!"

„Mir schmeckt's", sagt Königin Beatrix und nimmt sich noch etwas Spinat. „Immer mäkelst du am Essen herum. Warum stellst du nicht einen Vorkoster ein? Der probiert deine Speisen vorher und sortiert alles aus, was nicht schmeckt."

„Gute Idee", meint König Boris und sein Gesicht hellt sich auf. „Das muss aber jemand mit einer besonders feinen Zunge sein. Ich hab's – wir veranstalten einen Vorkoster-Wettbewerb!"

König Boris lädt alle Vorkoster seines Königreichs ein und eine Woche später versammeln sich die Bewerber im großen Schlosssaal.

„Augen zu und nicht schummeln!", ruft König Boris. „Ich habe verschiedene Speisen zum Probieren vorbereitet. Wer die meisten am Geschmack erkennt, wird mein Vorkoster!"

Der König verteilt die ersten Häppchen und die Vorkoster kauen bedächtig.

„Na, was ist das?", fragt König Boris gespannt.

„Wildschwein mit Salzkartoffeln und Preiselbeersoße!", rufen die Vorkoster im Chor.

Der König nickt beeindruckt. „Stimmt! Sehr gut."

Auch bei den nächsten Durchgängen liegen immer alle Vorkoster richtig.

„Das wird schwierig", seufzt König Boris. „Ihr habt einfach alle eine ausgezeichnete Zunge! Aber vielleicht bringt ja die letzte Runde die Entscheidung."

Der König reicht die restlichen Häppchen herum.

Die Vorkoster sind sich mal wieder einig: „Spiegeleier mit Spinat."

Nur einer hat noch nicht geantwortet. Vorkoster Felix kaut erst in Ruhe zu Ende. Dann sagt er: „Falsch, meine Herren! Es handelt sich hier um angebrannte Spiegeleier und verkochten Spinat. Dieses Essen ist leider völlig ungenießbar."

König Boris klatscht vor Freude in die Hände. „Das stimmt!", ruft er. „Sehr gut! Felix hat gewonnen und wird ab sofort mein neuer Vorkoster!"

Keine Angst, Marta!

Die Knuddelbande hat sich schon voneinander verabschiedet, als Sascha seinen letzten Rundgang durch den Zoo macht. „Gute Nacht, Marta“, sagt der Tierpfleger zum Minischwein.

Als er weg ist, kuschelt sich Marta in ihre Schmusedecke. Da sieht sie Saschas grüne Mütze, die der Tierpfleger auf dem Zaun vergessen hat. Soll sie ihm seine Lieblingsmütze bringen? Obwohl Marta die Dunkelheit ganz schön unheimlich findet, steht sie auf und geht los. Sie ist doch kein Angsthase!

Kurz darauf kommt Marta bei Knut vorbei. Als der Pinguin erfährt, wo sie hinwill, fragt er, ob er mitkommen soll. Schließlich wohnt Sascha am anderen Ende des Zoos.

„Nein“, erklärt Marta. „Ich schaff das schon alleine.“

Auch Steinbock Rocky und Äffchen Hicks bieten ihr an, sie zu begleiten, aber Marta will das nicht. Mutig geht sie am Affenhaus vorbei. Plötzlich raschelt es. Huch! Wer war das? Ach so, jetzt erkennt Marta den großen Schimpansen und winkt ihm zu, aber Donga winkt nicht zurück. Vielleicht hat er sie nicht gesehen.

Da taucht ein riesiger Schatten auf. „Huuaah!“, brüllt er ihr entgegen. „Kennst du mich nicht? Ich bin Leonhard.“

Marta fällt ein Stein vom Herzen, weil der alte Löwe sehr friedlich ist. Sie sagt Leonhard Gute Nacht und läuft schnell weiter.

Auf einmal sieht sie ein Licht. Das gibt es doch nicht! Da vorne steht Rocky mit Markos Stalllaterne. Marta freut sich riesig, den Freund zu sehen, und bedankt sich bei ihm.

Ein paar Schritte weiter, hinter dem Elefantenhaus, ist es dann besonders dunkel. Aber wer wartet dort? Äffchen Hicks mit einer Taschenlampe! Wo er die bloß wieder herhat?

Jetzt muss sie nur noch am Vogelhaus vorbei, wo die Raben immer so unheimlich „Krah, krah!“ rufen. Doch bevor Marta Angst bekommen kann, leuchtet ihr wieder ein Licht entgegen, diesmal von Knuts bunter Laterne. Marta hat die besten Freunde überhaupt!

Endlich ist sie da. Marta schüttelt den Kopf und die Mütze landet direkt vor Saschas Füßen. Der Tierpfleger hebt sie auf und drückt dem Minischwein einen Kuss auf den Rüssel. „Danke", sagt er.

Marta strahlt und flitzt zu Knut, Hicks und Rocky. Gemeinsam geht die Knuddelbande nach Hause.

Riechen ist klasse!

Als Anna morgens aufwacht, kann sie nur durch den Mund atmen. Ihre Nase ist völlig verstopft. Sie hat Schnupfen.

„Heute gehst du besser nicht in den Kindergarten", sagt Mama beim Frühstück. „Du hast dich erkältet."

„Manno", murrt Anna. „Dabei wollten wir heute Tiere aus Kastanien basteln."

„Das kannst du morgen bestimmt auch noch machen", tröstet Papa und schmiert sich ein Leberwurstbrot.

Jetzt merkt Anna, dass eine verstopfte Nase auch Vorteile hat: Heute riecht sie nichts von der stinkigen Leberwurst, vor der sie sich sonst immer so ekelt. Prima!

In dem Moment zischt es laut auf dem Herd.

„O nein!", ruft Papa und springt auf. „Die Milch ist übergekocht!"

Mama hält sich die Nase zu. „Igitt, das stinkt!"

Anna braucht sich nicht die Nase zuzuhalten. „Ich rieche nichts", sagt sie. „Ein Glück, dass ich gerade heute Schnupfen habe."

Nach dem Frühstück geht Anna ins Badezimmer. Sie nimmt das Parfum, das sie von Oma zum Geburtstag bekommen hat, aus dem Regal. Es duftet wie eine Sommerwiese mit ganz vielen Blumen. Anna öffnet das Fläschchen und hält es sich direkt unter die Nase, aber sie riecht – nichts. Enttäuscht stellt sie das Parfum weg. So was Blödes!

Als Anna etwas später in die Küche kommt, holt Mama gerade einen Kuchen aus dem Backofen.

„Mmh, das riecht gut“, sagt Mama und schnuppert an dem Kuchen.

Anna schnuppert auch, aber sie riecht überhaupt nichts. Dabei ist es ihr Lieblingskuchen!

„Manno!“, ärgert sie sich. „Der Schnupfen soll endlich weggehen. Es ist blöd, wenn man nichts riechen kann. Dann kriegt man zwar von den stinkenden Sachen nichts mit, aber dafür kann man auch die schönen Gerüche nicht riechen.“

„Hier, probier mal“, sagt Mama und legt Anna ein kleines Stück Kuchen auf den Teller.

Anna beißt hinein und kaut. Dann legt sie den Kuchen enttäuscht wieder auf den Teller zurück.

„Schmeckt nach gar nichts“, schimpft sie. „Kommt das etwa auch vom Schnupfen?“

„Ja, leider“, sagt Mama. „Geruchs- und Geschmackssinn hängen zusammen. Wenn die Nase verstopft ist, kann man auch nicht so gut schmecken. Ich heb dir ein Stück Kuchen für morgen auf. Da ist der Schnupfen bestimmt schon wieder besser.“

Mama hat recht. Am nächsten Morgen kann Anna tatsächlich wieder ein bisschen durch die Nase atmen. Sie läuft sofort ins Bad und schnuppert an ihrem Parfum. Mmmh, das riecht gut! Dann flitzt sie in die Küche und hält die Nase an den

Kuchen. Er riecht nach Mehl, Butter und Zucker. Anna läuft das Wasser im Mund zusammen. Schnell beißt sie hinein. Lecker! Der Kuchen schmeckt genauso gut, wie er riecht.

„Ein Glück“, murmelt Anna mit vollem Mund. „Riechen ist klasse!“

Im Schwimmbad

Lotta und Ottilie gehen einmal in der Woche zusammen zur Schwimmschule. Dort lernen sie schwimmen und vom Startblock springen und nach einem Tauchring tauchen. „Alles macht Spaß in der Schwimmschule“, sagt Lotta zufrieden. „Nur der Bademeister ist leider blöd.“

Ottilie nickt. Ja, das stimmt! Nach dem Schwimmen ruft der Bademeister jedes Mal „Hopp, hopp, hopp, anziehen!“ durch die Umkleidekabinentür.
Und wenn es ihm dann immer noch zu lange dauert, macht er sogar einfach die

Tür auf und schaut ungeduldig herein. „Stell dir vor, wenn wir dann noch irgendwo ein bisschen nackt wären", flüstert Ottilie entsetzt. Das ist zum Glück noch nie vorgekommen, aber die anderen Mädchen haben es auch nicht gerne, wenn der Bademeister einfach zur Tür hereinschaut. Deshalb beschließen sie, ihm das heute zu sagen. Alle zusammen gehen sie nach dem Schwimmunterricht zu ihm hinüber.

„Na, ihr nassen Zwerge", sagt der Bademeister. Das klingt eigentlich ziemlich freundlich.

„Bitte kommen Sie nach dem Schwimmen nicht mehr einfach so in unsere Umkleidekabine!", sagt Lotta schnell. Die anderen Mädchen nicken.

Der Bademeister macht ein erstauntes Gesicht. Dann versteht er und sagt: „Klar. Soll nicht wieder vorkommen. Versprochen!" Lotta schaut Ottilie zufrieden an. „Und wenn er trotzdem noch mal drängelt, dann sag ich einfach meinem Papa Bescheid!"

Der rote Flitzer

Der rote Flitzer ist ein wirklich schnelles Auto. Sobald morgens die Sonne aufgeht, bereitet er sich auf einen neuen Ausflug vor.

Heute fährt der rote Flitzer langsam rückwärts aus der Garage und zum Hof hinaus. Noch ein paar Kreuzungen, an denen er stehen bleiben muss, aber dann kann er endlich die Stadt verlassen und hat freie Fahrt.

Zunächst fährt er ganz gemütlich vor sich hin und betrachtet die Landschaft, an der er vorbeikommt. Vorsichtig steuert der Flitzer durch die Kurven, mal rechts herum, mal links herum. Ein steiler Berg lässt ihn noch langsamer werden und schnaufen und stöhnen. Doch kaum hat der rote Flitzer den Gipfel erreicht, saust er umso schneller auf der anderen Seite ins Tal.

Aber Vorsicht! Plötzlich wird die Straße immer enger, bis nur noch ein schmaler Weg übrig bleibt. Natürlich bemerkt der kleine rote Flitzer, wie das Land neben der Straße steil abfällt, deshalb fährt er langsam und vorsichtig an dem gefährlichen Abgrund vorbei. Endlich wird die Straße breiter und der kleine rote Flitzer beschleunigt wieder seine Fahrt.

Doch was ist das? Unzählige Schlaglöcher säumen seinen Weg.

Der Flitzer versucht, ihnen geschickt auszuweichen, denn es ist gar nicht gut, wenn er in einem der Schlaglöcher landet.

Zum Glück liegt die Holperstrecke bald hinter ihm und der Flitzer kann die Fahrt wieder genießen, bis er zu einem Tunnel kommt. Für einen Augenblick kann der Flitzer nichts sehen. Aber der Tunnel ist nur kurz und schon im nächsten Moment ist der Flitzer wieder im Freien.

Inzwischen sind am Sommerhimmel Wolken aufgezogen und ein Gewitter mit prasselndem Regen und Sturm bricht los.

Schnell versucht der kleine Flitzer, dem Unwetter zu entkommen. Der Regen lässt bald nach und es ist nur noch ein zarter Windhauch zu spüren, der den Flitzer schnell wieder trocknen lässt.

Doch, o Schreck, plötzlich drehen die Räder des kleinen roten Flitzers durch. Nichts geht mehr vorwärts, sosehr er sich auch bemüht. Der Flitzer steckt im Schlamm fest!

„Hilfe, Hilfe!", hupt er laut. Und er hat Glück, es kommt gerade ein Bauer mit seinem Traktor vorbei, der ihm gerne hilft.

Zunächst stellt der Bauer sich hinter den Flitzer und schiebt mit einem lauten „Hau ruck, hau ruck!". Aber nichts bewegt sich.

Dann bindet der Bauer ein starkes Seil an seinem Traktor fest und zieht und zerrt mit aller Kraft.

Und tatsächlich: Der Flitzer rollt vorwärts und schon wenige Augenblicke später hat er wieder festen Boden unter den Rädern und kann seine Reise fortsetzen.

Müde von den vielen Abenteuern, die er erlebt hat, macht sich der rote Flitzer auf die Heimreise: über die Landstraßen, die Kreuzungen in der Stadt und wieder zurück über den Hof und in seine Garage. Er ist ja so froh, wieder zu Hause zu sein!

Der kleine Bär – ganz allein

Nanu“, denkt das Eichhörnchen und huscht neugierig den Baumstamm hinunter. Unten im Gras sitzt ganz allein der kleine Bär. Dicke Bärentränen laufen ihm über die Schnauze.

„Aber kleiner Bär, warum weinst du denn?“, fragt das Eichhörnchen mitleidig.

Der kleine Bär reibt sich die verweinten Bärenaugen. „Ich bin in den Wald spielen gegangen“, schnieft er, „und jetzt weiß ich nicht mehr, wie ich nach Hause komme!“

„Hm. Den Weg zur Bärenhöhle kenne ich doch auch nicht.“ Das Eichhörnchen legt seinen buschigen Schwanz zu einem großen Fragezeichen und überlegt: „Am besten, wir gehen los und fragen die anderen Tiere nach dem Weg!“

„Au ja!“, ruft der kleine Bär begeistert und läuft gleich los. So schnell, dass das kleine Eichhörnchen gar nicht richtig hinterherkommt. Der kleine Bär dreht sich verwundert um. „Soll ich dich tragen?“, fragt er und schon setzt er das Eichhörnchen vorsichtig auf seine Bärenschultern. So machen sie sich auf die Suche.

„Den Weg nach Hause habe ich einfach vergessen", gibt der kleine Bär zu.

„Etwas zu vergessen", tröstet das Eichhörnchen den kleinen Bären, „ist gar nicht so schlimm. Ich kenne da nämlich eine schöne Geschichte von einem vergesslichen Eichhörnchen. Wenn du willst, erzähl ich sie dir unterwegs!"

Die zankenden Zwerge

Es waren einmal sieben Zwerge und eine wunderschöne Prinzessin, die lebten glücklich und zufrieden in einem kleinen Häuschen hinter sieben hohen Bergen.

Eines Morgens sprang die schöne Prinzessin schon früh aus den Federn, um frische Pilze zu sammeln.

Als sie mit ihrem gefüllten Körbchen heimkehrte, hörte sie die sieben Zwerge fürchterlich streiten.

Nanu! Das hatte es ja noch nie gegeben!

Flugs stellte die schöne Prinzessin ihr Körbchen ab und die zornigen Zwerge zur Rede.

„Könnt ihr mir erklären, was es an einem so schönen Morgen zu zanken gibt?", fragte sie streng.

„Wir streiten darüber, wen von uns du am allerliebsten hast", erklärte der älteste Zwerg. „Dabei ist doch klar, dass ich der Glückliche bin, weil ich dir jeden Tag die leckersten Speisen zubereite!"

„Nein, mich hat sie am allerliebsten", rief der zweite Zwerg, „weil ich ihren Rosengarten hege und pflege wie kein anderer!"

„Nein, mich hat sie am allerliebsten“, rief der dritte Zwerg, „weil ich unser Häuschen stets blitzblank und sauber halte!“

„Nein, mich hat sie am allerliebsten“, rief der vierte Zwerg, „weil ich ihr frische Beeren und Kräuter aus dem Wald hole!“

„Nein, mich hat sie am allerliebsten“, rief der fünfte Zwerg, „weil ich dafür sorge, dass stets genug Brennholz im Haus ist und unsere schöne Prinzessin niemals frieren muss!“

„Nein, mich hat sie am allerliebsten“, rief der sechste Zwerg, „weil ich ihr auf meiner Fiedel die schönsten Lieder spiele und sie zum Träumen bringe!“

Da fing der siebte und kleinste Zwerg plötzlich bitterlich zu weinen an. „Dann hat sie mich gar nicht lieb“, schluchzte er, „denn ich bin noch so klein, dass ich gar nichts für sie tun kann!“

Die schöne Prinzessin nahm den klitzekleinen Zwerg auf ihren Arm und küsste ihn. „Dummerchen", sagte sie, „du bringst mich so oft zum Lachen. Das ist mindestens genauso wichtig wie alles andere."

Das ließen sich die Zwerge nicht zweimal sagen: Sie sprangen auf und hüpften fröhlich im Zimmer herum, sie zogen Grimassen, warfen ihre Mützen hoch in die Luft und kitzelten die Prinzessin an ihren schönen Füßen, bis sie vor Lachen prustete.

Als die Prinzessin endlich wieder zu Atem kam, sagte sie: „Ich habe euch doch alle gleich lieb. Alle sieben! So einen unsinnigen Streit wie eben will ich nie wieder erleben, versprochen?"

Das versprachen die sieben Zwerge und zankten nie wieder. Jedenfalls nicht darüber, wen die Prinzessin am liebsten hat.

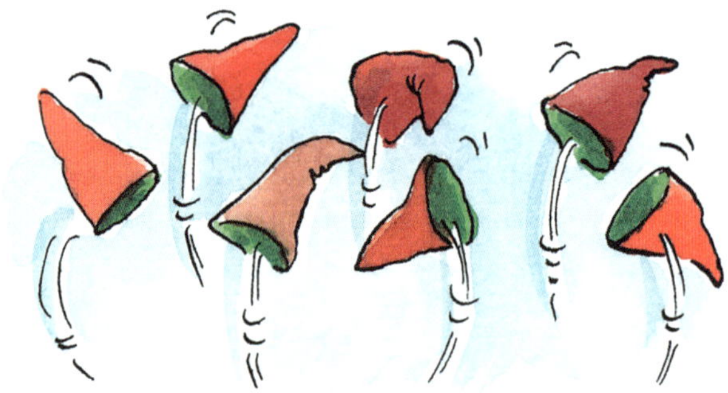

Hasenträume

Es ist schon dunkel. Der Mond leuchtet am Himmel und die Sterne funkeln.

Der kleine Hase sitzt vor seinem Bau, angelehnt an einen Stein, sonnenwarm von einem langen Sommertag. Das ist ein Abend, wie ihn der kleine Hase mag. Ein Abend zum Genießen und Träumen.

Nachdenklich dreht der kleine Hase eine Pusteblume zwischen seinen Pfoten. Wie kleine Federn wirken die weißen Schirmchen. Zart und leicht bewegen sie sich beim kleinsten Lufthauch. So als warteten sie nur darauf, dass der Wind sie mitnimmt und ihnen die Welt zeigt. Sachte, ganz sachte bläst der kleine Hase gegen die kleinen weißen Schirmchen und schaut ihnen zu, wie sie leise in den Himmel steigen. Und wie er ihnen so nachschaut, wird er neugierig. Wo sie wohl hinfliegen? Der kleine Hase läuft den Schirmchen hinterher. Leicht und luftig tanzen sie über ihm. Weiter, immer weiter. Da kommt der kleine Hase an einen See. Der Mond spiegelt sich darin, rund und golden.

Am Ufer verborgen, unter den Wurzeln eines Baumes, haben sich die Enten einen Schlafplatz gesucht. Sie haben ihren Kopf unter die Flügel gesteckt und ruhen sich auf dem weichen Gras aus. Der Wind streicht sanft über ihre Federn. Und die kleinen, zarten Schirmchen der

Pusteblume fliegen über die Enten hinweg, hinaus auf den See.

Mitten auf dem See, auf den Seerosenblättern, verbringen zwei Frösche die Nacht. Träge dösen sie auf den zartgrünen Blättern. Sie sind kaum zu sehen zwischen all dem Grün. Die leichten Wellen des Sees schaukeln sie in den Schlaf. Die Frösche atmen den süßen Duft der Seerosen und träumen im Mondschein. Sie bemerken nicht die kleinen, zarten Schirmchen der Pusteblume, die über sie hinwegfliegen, zu der großen Ulme am anderen Ufer.

In einem weichen Kobel, gepolstert mit Gras und Moos und zartem Flaum, verbringt das Eichhörnchen mit seinen Jungen die Nacht. Dicht aneinandergekuschelt, warm und geborgen, genießen sie die Ruhe der Nacht. Sie bemerken nicht die kleinen, zarten Schirmchen der Pusteblume, die über sie hinwegfliegen, höher hinauf in die Äste ihres Baumes.

Der kleine Hase wird müde. Er legt sich am Fuße des Baumes ins weiche Moos und streckt sich aus. Müde von dem weiten Weg. Der kleine Hase atmet die frische Nachtluft, mild und klar. Müde fallen ihm die Augen zu.

Und die zarten Schirmchen der Pusteblume fliegen höher und höher hinauf in den Himmel, bis sie nicht mehr zu sehen sind.

Über den Wipfeln der Bäume färbt sich das dunkle Blau des Himmels in ein zartes Rot. Es dauert nicht lange und schon wird es wieder hell über dem See und die Sonne geht auf. Eins nach dem anderen erwachen die

Tiere und begrüßen den Tag. Ihre fröhlichen Stimmen wecken den kleinen Hasen. Die Enten am See beginnen fröhlich zu schnattern, die Frösche auf den Seerosenblättern quaken und die jungen Eichhörnchen jagen fröhlich den Baumstamm hinauf und hinunter.

Der kleine Hase öffnet seine Augen und freut sich auf den neuen Tag. Er steht auf, klopft sich das Moos aus dem Fell und streckt sich aus. Ah, das tut gut nach der Ruhepause! Munter hoppelt er nach Hause.

Vor seinem Bau liegt der grüne Stängel der Pusteblume. Ihre schwebenden Schirmchen haben den kleinen Hasen auf die Reise durch die Nacht geführt.

Na dann, gute Nacht!

Papa Wassermann kommt nach Hause. Behutsam schließt er die Tür auf. Lautlos schleicht er den Flur entlang. Vorsichtig schaut er ins Kinderzimmer.

Ja, Melusinchen schläft. Aber nicht nur sie! Ihre zwölf Freunde schlafen auch. Alle haben es sich auf ihren Stammplätzen bequem gemacht. Sie atmen leise und lächeln im Traum.

Papa Wassermann schmunzelt. Es ist jeden Abend dasselbe! Immer noch schmunzelnd zieht er sich wieder zurück.

Bald darauf liegt er ebenfalls im Bett. Aber leider kann er nicht gleich einschlafen. Er denkt, dass es schön sein muss, wenn einem jemand zum Müdewerden noch eine Geschichte erzählt! Eine Weile wälzt sich Papa Wassermann schlaflos in seinem Bett. Dann tastet er im Dunkeln auf seinem Nachttisch herum und macht das Radio an. Vielleicht hat er Glück. Vielleicht erzählt da gerade jemand eine Geschichte.

Tatsächlich! Aus dem Radio kommt eine Stimme. Eine sehr nette Stimme. Sie erzählt wirklich eine Geschichte. Und diese Geschichte geht so:

Es war einmal ein Hering, der traf spät in der Nacht drei kleine Sardinen. Die drei kleinen Sardinen sagten: „Ach, lieber Hering, erzähl uns doch bitte eine Geschichte!“

Da fing der Hering an: „Es war einmal ein Hering, der traf spät in der Nacht drei kleine Sardinen. Die drei kleinen Sardinen sagten: ‚Ach, lieber Hering, erzähl uns doch bitte eine Geschichte!‘ Da fing der Hering an: ‚Es war einmal ein Hering …‘“

Na bitte! Nun schläft Papa Wassermann auch.

Das kleine Apfelwunder

Auf der großen Blumenwiese, direkt unter dem alten Apfelbaum, hat es sich der kleine Maulwurf richtig gemütlich gemacht. Die Sonne scheint durch die grünen Zweige des Baumes und wärmt seinen weichen, samtigen Pelz. Gemütlich rekelt sich der kleine Maulwurf und reckt seine Arme und Beine. Er streicht zufrieden über sein sonnenwarmes, glänzendes Fell. Ja, es geht ihm gut, dem kleinen Maulwurf. Er liegt in aller Ruhe unter dem Apfelbaum, warm und friedlich, müde und schwer. Ein leiser Windhauch trägt ihm den Duft der Äpfel zu, die rot und reif an den Zweigen hängen. „Mmh, Apfelduft, wie köstlich!", denkt der kleine Maulwurf, schon halb im Schlaf. Müde fallen ihm die kleinen Maulwurfsaugen zu und er beginnt zu träumen.

Der kleine Maulwurf träumt von Äpfeln: von roten, saftigen Äpfeln, die die Wärme der Sonne in sich tragen, von Apfelkuchen, Apfelmus, Apfelgelee, Apfelsaft. Mmh, Äpfel sind wirklich etwas Feines!

Aber dann taucht in dem süßen, köstlichen Apfeltraum ein Zauberer auf.

„Alle Äpfel gehören mir!“, schreit er. „Wehe, du rührst meine Äpfel an!“ Und weil er ein mächtiger Zauberer ist, gehorcht der Maulwurf. Er wagt es nicht mehr, einen Apfel vom Baum zu pflücken und zu essen.

Es ist ein schlimmer Traum. Der kleine Maulwurf wälzt sich im Schlaf hin und her. Äpfel sind doch seine Leibspeise! Er strampelt vor lauter Ärger so fest mit den Füßen, dass er gegen den Apfelbaum stößt. Und die Äpfel, rot und reif, prasseln vom Baum. Rechts und links vom kleinen Maulwurf und direkt vor seiner Nase fallen sie herunter und bleiben neben ihm im Gras liegen.

Uff! Der kleine Maulwurf reibt sich die Augen. Zum Glück war alles nur ein Traum.

Der kleine Maulwurf bekommt auf einmal großen Appetit auf einen Apfel. Wie schön doch so ein Apfel aussieht mit seiner glänzenden Schale. Wie gut sich die glatte, feine Schale in der Hand anfühlt – und erst dieser Duft, dieser feine, zarte, fruchtige Duft! Der kleine Maulwurf atmet tief ein und nimmt den köstlichen Duft in sich auf. Ein Duft, der von Sonne erzählt und von Wolken am Himmel, von Sommerwind und Blütenstaub, von Bienengesumm und Blätterrascheln.

Nun beißt der kleine Maulwurf sachte in den Apfel hinein. Bei jedem

Bissen schmeckt er den Apfelduft, bei jedem Bissen spürt er das leckere Fruchtfleisch im Mund. Der kleine Maulwurf wird ganz still und konzentriert sich auf das, was er gerade tut: Er isst einen köstlichen Apfel.

Jetzt ist der kleine Maulwurf satt und zufrieden. Er leckt sich die Lippen und spürt noch immer den zarten Apfelduft in seiner Nase.

Mia und Max streiten

Das sind Mia und Max. Mia ist sechs Jahre alt und Max ist vier. Die beiden sind Geschwister. Gerade als Mia ganz gemütlich in ihrem Lieblingsbilderbuch lesen will, kommt Max ins Kinderzimmer gepoltert. „Ich bin ein Raumschiff und brauche Raumschiffbenzin!", ruft er und sieht überhaupt nicht, dass er beim Herumrennen auf Willi tritt.

Willi ist Mias Schlafdackel, und er mag es bestimmt nicht, dass Max auf seinem weichen Dackelbauch steht. „Runter da, du Trottel!", schreit Mia mit wutfunkelnden Augen und schubst Max zur Seite. Zuerst stolpert Max, aber dann schubst er ziemlich fest zurück.

Mia stößt sich den Arm am Schrank. „Ich wünschte, dich gäbe es überhaupt nicht!", faucht sie und reibt sich den Ellenbogen. Max wirft Mia einen sehr finsteren Blick zu, bevor er wieder hinausrennt.

Später geht Mia nach draußen. Sie will zum Spielplatz an der Ecke. Vielleicht ist Max ja auch da und will sich wieder vertragen. Was ist denn das? Daniel und Finn,

die Zwillinge aus dem Nachbarhaus, ärgern Max! Die beiden gehen in Mias Klasse und sind darum viel größer als ihr Bruder. Außerdem sind sie zu zweit, und es ist sehr ungerecht, zu zweit auf einen Kleineren loszugehen. Wütend läuft Mia los. „Lasst meinen Bruder los, ihr Blödmänner!“, ruft sie und stellt sich zwischen Max und die Zwillinge. „Hoffentlich gibt es jetzt nicht schon wieder Rumgeschubse“, denkt Mia, aber die Zwillinge schnauben nur und laufen zur Rutsche. Max lächelt Mia erleichtert zu. „Zum Glück bist du gerade gekommen“, sagt er zufrieden. Mia nickt und dann spielt sie mit Max Raumschiffrennen. Wie gut, dass es Max gibt. Denn spielen kann man mit ihm wirklich gut.

Katzenschlaraffenland

Draußen geht gerade die Sonne unter: Es ist Zeit zum Aufstehen! Lina blinzelt mit ihren Katzenaugen und streckt sich. Dann springt sie mit einem Satz fröhlich aus dem Bett. „Los, Laslo, aufwachen!"

„Miaauuuu!", gähnt Laslo verschlafen und zieht sich die Decke über den Kopf.

„Mach schon!", drängelt Lina aufgeregt. „Du wolltest mir doch heute das Schlaraffenland zeigen!"

Plötzlich ist Laslo hellwach. „Au ja, das Schlaraffenland!"

Und ehe Lina mit den Augen zwinkern kann, klettert Laslo schon durch die Dachluke.

„Komm, wir müssen uns beeilen! Sonst macht das Schlaraffenland zu!", ruft er und rutscht die Regenrinne hinunter. Lina lässt sich das nicht zweimal sagen und rutscht – *schwuuuups* – hinterher. Es geht quer durch Gärten und Höfe, bis sie schließlich in einer kleinen Gasse landen.

„Hier ist es!“, keucht Laslo außer Atem. Sie stehen vor einem hell erleuchteten kleinen Laden. Lina schnuppert. „O ja, es riecht wirklich köstlich hier!“

Vorsichtig schlüpfen sie durch die Tür. *Klingring*! Eine Glocke schrillt. Schnell verstecken sich die Katzen unter dem Ladentisch.

„Hallo, ist da jemand?“ Schritte schlurfen durch den Laden. „Ich muss mich wohl getäuscht haben. Es ist ja eh Feierabend!“ Da geht mit einem Mal das Licht aus. Die Glocke klingelt, dann wird die Tür von außen abgeschlossen.

„Hilfe!“, miaut Lina kläglich. „Wir sind eingesperrt!“

„Na und?“, lacht Laslo vergnügt. „Es könnte uns doch nichts Schöneres passieren. Schau dich doch mal um!“

Jetzt sieht Lina erst die vielen bunten Bonbons, die gestreiften Lutscher und die großen Lebkuchenherzen. Kandierte Früchte, Lakritzschnecken und Schokolade ohne Ende! Laslo hat recht: Wenn das nicht das Schlaraffenland ist!

„Guten Appetit!", wünscht Laslo und beißt mit einem riesigen Happs in einen Stapel Schokoküsse.

„Gleichfalls!" Lina macht sich sofort über die kleinen weißen Zuckermäuse her. Es ist eine herrliche Nacht: Sie schlemmen und schmatzen, baden in bunten Schokolinsen, spielen Fußball mit kandierten Äpfeln, lassen sich in die offenen Mäuler Gummibärchen regnen und probieren von jeder Schokoladensorte – bis sie einfach nicht mehr können.

Am Morgen lauern sie neben dem Eingang. Und als sich der Schlüssel im Schloss herumdreht und die Tür aufgeht, rasen sie hinaus auf die Straße.

„Und? War das nichts?", fragt Laslo strahlend auf dem Heimweg.

„Doch!", schnurrt Lina und schleckt sich ihre Schokoladenschnauze. „Und weißt du was? Gleich morgen gehen wir wieder ins Schlaraffenland!"

Noch ein Lied

Sascha ist heute besonders gut gelaunt. Bei seiner Abendrunde geht der Tierpfleger von Gehege zu Gehege und singt den Bewohnern des Regenbogenhofes ein Lied vor. Als er zu Steinbock Rocky kommt, sitzt die Knuddelbande unter einem Felsen und kuschelt sich ganz eng aneinander.

Sascha fängt an zu singen und Rocky, Pinguin Knut, Minischwein Marta und Äffchen Hicks summen leise mit. Das Lied gefällt ihnen total gut. Leider ist es viel zu schnell zu Ende und viel zu früh sagt Sascha: „Gute Nacht, Freunde! Schlaft gut und träumt was Schönes."

Was? Die Knuddelbande soll jetzt schon schlafen? Nie und nimmer! Sascha muss ihnen unbedingt noch ein Lied vorsingen.

Hicks zupft den Tierpfleger an der Jacke. Marta quiekt ganz traurig, während Knut und Rocky aufspringen und sich vor den Ausgang des Steinbockgeheges stellen.

Sascha lacht. „Ich habe schon verstanden. Ihr wollt noch ein Lied hören, oder?"

Knut schnattert, Marta grunzt, Rocky blökt und Hicks hüpft mit einem Satz auf Saschas Schulter.

„Also gut", sagt der Tierpfleger. „Aber nur

noch eins, ja?“ Sascha setzt sich zur Knuddelbande unter den Felsen und schmettert ein richtig fetziges Lied. Rocky stampft mit den Hufen im Takt und seine Freunde lassen sich davon anstecken. Sie klatschen, trommeln und wippen fröhlich hin und her. Das macht auch Sascha so froh, dass er sogar noch ein drittes Lied anstimmt. Diesmal ist es ein langsamer Walzer, bei dem man toll hin und her schunkeln kann. Sascha macht die Augen zu und singt ganz wunderbar. Doch auf einmal wird seine Stimme immer leiser und irgendwann verstummt sie ganz.

Was ist jetzt los? Die Knuddelbande hört ein leises Schnarchen. Sascha ist mitten im Lied eingeschlafen!

Zum Glück können sie den Walzer inzwischen auswendig. Rocky, Knut, Hicks und Marta singen ihn für Sascha zu Ende. Danach breitet Marta ihre Schmusedecke über dem Tierpfleger aus und die Knuddelbande flüstert: „Der Tag hat so viel Spaß gemacht. Jetzt sagen wir dir Gute Nacht."

Quellenverzeichnis

S. 14–16, 49–51, 62–64, 86–88
Leicht veränderte Auszüge aus: Henriette Wich, *Die Knuddelbande – 3-Minuten-Vorlesegeschichten für schöne Träume*
Farbig illustriert von Elke Broska

S. 36–38, 117–119
Leicht veränderte Auszüge aus: Henriette Wich, *Die Knuddelbande – 3-Minuten-Vorlesegeschichten für wundervolle Träume*
Farbig illustriert von Elke Broska

S. 26–28
Leicht veränderte Auszüge aus: Christina Koenig, *Nun träum was Schönes*
Farbig illustriert von Julia Ginsbach

S. 20–23, 29–31, 34–35, 42–43, 46–48, 54–56, 94–96
Leicht veränderte Auszüge aus: Johanna Friedl, *Tanz mit auf der Blumenwiese*
Farbig illustriert von Vanessa Paulzen

S. 57–59, 70–73, 77–79, 82–83, 84–85, 89–91
Leicht veränderte Auszüge aus: Maja von Vogel, *Hörst du den leisen Streichelwind?*
Farbig illustriert von Vanessa Paulzen

S. 39–41, 74–76, 100–102
Leicht veränderte Auszüge aus: Katja Reider, *Vertragen wir uns wieder?*

Farbig illustriert von Kerstin Völker

S. 103–105, 109–111
Leicht veränderte Auszüge aus: Sabine Kalwitzki, *Fühl die warmen Sonnenstrahlen*
Farbig illustriert von Hildegard Müller

S. 17–19, 65–69
Leicht veränderte Auszüge aus: Sabine Kalwitzki, *Flieg mit auf der Kuschelwolke*
Farbig illustriert von Hildegard Müller

S. 24–25, 44–45, 80–81
Leicht veränderte Auszüge aus: Jana Frey, *Bald schlaf ich auch ohne Licht!*
Farbig illustriert von Betina Gotzen-Beek

S. 32–33, 97–99, 106–108
Leicht veränderte Auszüge aus: Julia Boehme, *Lach mit uns, kleiner Bär!*
Farbig illustriert von Sven Leberer

S. 52–53, 60–61, 92–93, 112–113
Leicht veränderte Auszüge aus: Jana Frey, *Liebes kleines Brudermonster*
Farbig illustriert von Betina Gotzen-Beek

S. 114–116
Leicht veränderte Auszüge aus: Julia Boehme, *Katzengeschichten*
Farbig illustriert von Sigrid Leberer

Vorlesezeit ist Familienzeit!

ISBN 978-3-7432-0836-0

Die Tiere im Tierpark sind schon ganz aufgeregt, denn sie bekommen einen neuen Freund. Auch Lena freut sich auf ihre Übernachtung bei Oma und Paul sucht nach seinem verschwundenen Teddy.

Abwechslungsreiche Vorlesegeschichten laden zum gemeinsamen Kuscheln und Träumen ein – ideal als Gutenachtritual und für die ruhige Familienzeit am Abend.

Loewe

Das will ich lesen!

KOMM MIT INS LAND DER TRÄUME!

ISBN 978-3-7432-0850-6

Der kleine Traumsegler segelt nachts über das Wolkenmeer und sammelt wunderbare Träume. Sie handeln von Tieren, magischen Wesen und kleinen Abenteuern – immer ruhig erzählt und mit stimmungsvollen Illustrationen untermalt. So können auch die Kleinsten kinderleicht einschlafen.

Loewe

Das will ich lesen!

ZWEI FREUNDE ZUM LIEBHABEN!

ISBN 978-3-7432-0921-3

10 fantasievolle Vorlesegeschichten über eine wunderbare Freundschaft: Amelies allerbester Freund heißt Antonio und ist ein Nashorn – ein Stoffnashorn! Für die beiden steckt der Alltag voller Abenteuer: Sie denken sich das Helfe-Spiel aus, veranstalten ein großartiges Pfützen-Hüpfen und feiern jeden Glückstag! Aber auch, wenn es mal ungerecht zugeht oder jemand doof zu ihnen ist und sie sich klein fühlen, haben sie den besten Freund der Welt an ihrer Seite – für immer!

Loewe

Das will ich lesen!